O mundo não tem mais tempo a perder

Le Collegium International
Mireille Delmas-Marty, Michael W. Doyle, Stéphane Hessel, Bernard Miyet, Edgar Morin, René Passet, Michel Rocard, Peter Sloterdijk
Prefácio à edição brasileira: Fernando Henrique Cardoso
Coordenação: Sacha Goldman

O mundo não tem mais tempo a perder
Apelo por uma liderança mundial solidária e responsável

Tradução de
Clóvis Marques

1ª edição

CIVILIZAÇÃO BRASILEIRA

Rio de Janeiro
2014

Copyright © Les liens qui libèrent, 2012
Copyright da tradução © Civilização Brasileira, 2014

Título original
Le monde n'a plus de temps à perdre

              CIP-BRASIL. CATALOGAÇÃO NA PUBLICAÇÃO
            SINDICATO NACIONAL DOS EDITORES DE LIVROS, RJ

M928   O mundo não tem mais tempo a perder: apelo por uma governança mundial solidária e responsável / coordenação Sacha Goldman; tradução Clóvis Marques. – 1. ed. – Rio de Janeiro: Civilização Brasileira, 2014.
144 p.; 21 cm.

Tradução de: Le monde n'a plus de temps à perdre
ISBN 978-85-200-1183-6

1. Globalização – Aspectos políticos. 2. Relações internacionais – Aspectos morais e éticos. I. Goldman, Sacha.

14-12010
                                            CDD: 327.101
                                            CDU: 330

Todos os direitos reservados. Proibido reproduzir, armazenar ou transmitir partes deste livro, através de quaisquer meios, sem prévia autorização por escrito.

Texto revisado segundo o Novo Acordo Ortográfico da Língua Portuguesa.

Direitos exclusivos desta tradução adquiridos pela
EDITORA CIVILIZAÇÃO BRASILEIRA
Um selo da
EDITORA JOSÉ OLYMPIO LTDA.
Rua Argentina, 171 – 20921-380 – Rio de Janeiro, RJ – Tel.: (21) 2585-2000

Seja um leitor preferencial Record.
Cadastre-se e receba informações sobre nossos lançamentos e nossas promoções.

Atendimento e venda direta ao leitor
mdireto@record.com.br ou (21) 2585-2002

Impresso no Brasil
2014

Sumário

Nota editorial, *por Sacha Goldman*   7

Prefácio à edição brasileira, *por Fernando Henrique Cardoso*   11

Introdução, *por Michel Rocard*   17

Apelo por uma governança mundial solidária e responsável   21

A governança mundial é passível de democratização?, *por Mireille Delmas-Marty*   29

Imperativo categórico e imperativo absoluto, *por Peter Sloterdijk*   53

Dos princípios para a organização de uma governança mundial, *por René Passet*   63

Década de 1980: o desmantelamento da governança mundial, *por Bernard Miyet*   81

Em busca de uma governança mundial, *por Michel Rocard*   101

Por uma governança de destino comum, *por Edgar Morin*   113

A governança mundial no século XXI, *por Michael W. Doyle*   123

Logo, resumo...!, *por Stéphane Hessel*   137

Os autores   143

Nota editorial

"E para aquele que é solidário com os homens, o homem não é uma simples palavra no seu vocabulário, o homem é aquilo pelo qual ele é responsável."

Antoine de SAINT-EXUPÉRY

Desvios financeiros, perturbações climáticas, perigos nucleares, aumento da pobreza, degradação do meio ambiente... As ameaças do nosso século são, por excelência, planetárias. Nenhum Estado tem condições de enfrentar sozinho esses desafios. Pior ainda, agarrar-se ferozmente à ilusão de uma soberania nacional, obstinada e absoluta, redunda em optar pela impotência e mentir aos cidadãos. Mais do que nunca, o futuro deste mundo depende do advento de uma ordem democrática global ainda incerta em suas formas e modalidades.

Como tantas vezes na História, o momento da crise representa um *kairós* que deve ser aproveitado. Nesta crise extrema e ameaçadora, verifica-se uma natural e fecunda aproximação entre autoridades intelectuais, científicas e políticas. No contexto do Collegium International, essa aproximação transformou-se até em colaboração intensa e muito próxima, em pé de igualdade; um trabalho de equipe entre amigos, às vezes de longuíssima data.

O tema sempre adiado da governança mundial com toda a evidência se impôs ao mundo de maneira brutal. Entretanto, refém de uma ordem mundial baseada na ficção vestfaliana da soberania estatal e na relação de força de Yalta, o tema continua a ser tratado de modo equivocado. Por outro lado, a compartimentação do saber impede toda abordagem sistêmica. Ora, assim como a soberania planetária é mais do que a soma das soberanias nacionais, a governança mundial é mais do que a soma dos desafios mundiais. À interdependência dos Estados corresponde a interdependência dos desafios com os quais nos deparamos: os vínculos entre desigualdades de desenvolvimento, perturbações climáticas, seca, pobreza, fluxos migratórios, populismo, tensões sociais, conflitos e terrorismo não têm a ver com fantasia apocalíptica, mas com análise racional.

O que atualmente passa por governança mundial é gravemente insuficiente. Trata-se de uma ordem regida pelos poderosos, para os poderosos — sejam eles Estados dominantes ou grandes multinacionais. A recente assinatura do Acta* é apenas uma prova

---
*Acordo Comercial Anticontrafação, de 2011. (*N. do T.*)

adicional. A governança de que o mundo precisa é *solidária* (etimologicamente: para o todo, para *das Global*, de Peter Sloterdijk), *responsável* (do latim *responsus*, "que sofre as consequências dos seus atos, por eles responde") e, portanto, por excelência, *democrática*.

O primeiro passo na direção dessa governança mundial é pensá-la. A nossas representações do mundo deve corresponder já agora uma vontade de governança mundial: o conceito e a regra. Há urgência. E, como diz Edgar Morin, se é urgente alertar, é ainda mais urgente começar. Nessa perspectiva, o Collegium International e seus membros redigiram um "Apelo" publicado neste trabalho e entregue ao secretário-geral da Organização das Nações Unidas (ONU), Ban Ki-moon. Os textos que se seguem neste livro destinam-se a alimentar o debate e lançar os marcos de uma metamorfose para uma sociedade-mundo de um novo tipo.

A primeira etapa é o diagnóstico compartilhado, são as primeiras respostas. É dever dos dirigentes políticos atuais apresentá-lo. Sua tarefa é inventar o mundo de amanhã. Para que haja um mundo.

Sacha Goldman

Apelo reiterado

O grupo de personalidades reunido em torno do Collegium, instituição a que pertenço, criada sob a inspiração de Michel Rocard e graças à diligência de Sacha Goldman, publicou há poucos anos um "Apelo", reproduzido a seguir, evidenciando a urgência da tomada de decisões que nos conduzam a um mundo onde a globalização se organize guiada por práticas, instituições e valores que não a desumanizem.

Neste livro, alguns dos componentes do Collegium explicitam melhor os fundamentos da tomada de posição do "Apelo", bem como as medidas cabíveis para que os objetivos propostos sejam alcançados. Parte-se do que já havia sido afirmado: diante da "policrise" atual (financeira, institucional, moral, ecológica) é preciso agir com rapidez para reafirmar as interdependências entre os países, pessoas e situações, repensar os princípios jurídicos internacionais baseando-os em um direito comum da humanidade e afirmar um novo princípio, o da sociedade-mundo. Este valoriza a preservação da diversidade das pátrias e culturas a partir do princípio da intersolidariedade planetária, que deve associar atores estatais e não estatais, indivíduos e organizações. Tal princípio, em vez de opor o temor à esperança deverá reconciliá-los. Assim, ao medo das consequências negativas de algumas dimensões da globalização (inclusive tecnológicas: internet, explosões atômicas, aquecimento global etc.), deveríamos assumir nossas responsabilidades coletivas e mover-nos pela esperança de que se estabeleçam novos vínculos de solidariedade.

A humanidade passaria a ser o fundamento norteador das ações globais, e não as pessoas, as classes sociais ou os países.

Neste contexto, diz o "Apelo", há, com urgência, que repensar os fundamentos da ordem econômica (com especial atenção à erradicação dos paraísos fiscais, à taxação das transações financeiras e à separação entre bancos de depósitos e de investimentos), retomar as negociações fundamentais para a salvaguarda da biosfera, para eliminar as armas de destruição em massa e para controlar a energia nuclear e respeitar quatro condições permanentes. A saber: assegurar os direitos fundamentais das pessoas atuais e futuras, reconhecer que o poder global implica responsabilidades à mesma escala, induzir os estados soberanos a se integrarem à ordem pública supranacional e, finalmente, valorizar as integrações regionais, sem esquecer suas vinculações à comunidade mundial e ao reconhecimento da crescente cidadania global.

APELO REITERADO

Esta temática é revista neste livro a partir de diversos ângulos, desde o jurídico (por Mireille Delmas-Marty, que escreve sobre a governança mundial) até os fundamentos filosóficos de tal pensamento, sobre os quais Peter Stloterdijk escreve um inspirado ensaio. Da mesma maneira, tanto Michel Rocard quanto Michael Doyle, em nível de amplitude diverso, tratam das questões mais concretas da emergência da governança global, assim como Bernard Miyet mostra o quanto houve de desmantelamento na ordem mundial nos anos 1980. René Passet, com o olhar do economista que não perdeu os vínculos com uma visão mais ampla das questões tratadas por sua especialidade, refaz o percurso dos que sabem que a organização política se sustenta em formas econômicas de associação que lhes sejam afim. Ao mesmo tempo, Edgar Morin, de vitalidade humana e intelectual invejáveis, junta seu pensamento ao dos que percebem que chegou a hora para revisões fundamentais nos quadros filosóficos, científicos e sociais dos que, como eu, nos formamos com um conjunto de ideias enraizado nas experiências da civilização urbano-industrial que chegou ao ápice no século XX. Isso sem falar do resumo brilhante que o saudoso Stéphane Hessel faz no final do volume com a maestria que só os grandes possuem.

Não quero me antecipar ao prazer do leitor ao percorrer as páginas deste livro, portanto, serei breve. Apenas mais duas referências.

Primeiro, é de notar o modo simples e clarividente como Sloterdijyk sintetiza as grandes transformações dos imperativos morais da humanidade tais como marcadas por Kant, Marx e pelo pensamento contemporâneo. Kant formulou seu imperativo categórico com um enunciado atemporal: "Aja de tal maneira que a máxima da sua ação possa sempre valer ao mesmo tempo como lei universal." Reconciliava, assim, o egoísmo do interesse privado com as exigências do bem comum. Marx, meio século mais tarde, transformou o princípio liberal kantiano de modo revolucionário: o dever absoluto de todo homem seria eliminar as situações nas quais ele fosse uma criatura pobre, miserável, abandonada. Ambos acreditavam que era moralmente imperativo fazer o que fosse necessário, embora pudéssemos esperar que as condições estivessem maduras para fazê-lo. O que é justo pode ser adiado, mas nunca será inatual.

Contemporaneamente, o mesmo imperativo se transformou. Na formulação de Hans Jonas, diz Sloterdijk, ele seria assim formulado: "Aja constantemente de tal maneira que as consequências da sua ação sejam compatíveis com a permanência de uma vida autenticamente humana neste planeta." Não se pode mais dar tempo ao tempo. No mundo em que a preocupação ecológica permeia a ação humana, há prazos estabelecidos por processos físicos externos. Não podemos esperar como na História, por uma nova chance; aplica-se a lei da irreversibilidade. É preciso algo mais para justificar a urgência do "Apelo"?

Segunda e última observação, esta de caráter pessoal. À parte o valor intelectual intrínseco dos ensaios aqui reunidos, posso dar o testemunho da convivência com algumas das personalidades que os escreveram. Ver de perto a lucidez e o ardor de Michel Rocard ao defender suas proposições, a vibração de Edgar Morin ao antecipar visões que pareceriam utópicas, não fosse o fundamento científico que ele apresenta, a sabedoria de René Passet, um dos primeiros proponentes de uma globalização alternativa e inspirador dos Fóruns Sociais Globais, que foi capaz de rever seu próprio pensamento sem perder autenticidade, partilhar do entusiasmo de Stéphane Hessel – um dos redatores da Declaração Universal dos Direitos Humanos – ao recitar Heine e Apollinaire, para nos entreter ao esperar um avião que nos levaria de Nice a Paris, e, pouco tempo depois, vê-lo com o vigor intelectual de quem escreveu *Les indignés*, são lições de vida. Todos ativos já entrados nos 80 anos, alguns além dos 90. Há, pois, motivo para escrever com convicção que a esperança não morreu. Algum dia a ideia de humanidade será o princípio reitor das relações internacionais, por utópica que possa parecer a formulação.

Fernando Henrique Cardoso

Introdução

Nós, os seres humanos, surgimos e nos desenvolvemos no terceiro planeta do sistema solar.

A Terra que nos abriga é, no atual estado do saber, o único planeta conhecido a abrigar seres humanos e provavelmente o único a abrigar a vida.

As condições que tornaram possível a vida, especialmente a nossa, são muitas: uma regulação equilibrada do clima, graças ao efeito estufa, água em grande quantidade, tanto salgada quanto doce, e imensos recursos naturais minerais, vegetais e animais.

Esse patrimônio nos é comum.

Nosso crescimento numérico já nos obriga a harmonizar com esse patrimônio a nossa arte de valorizar os recursos.

E chegou o tempo no qual nossa atividade põe em risco as condições necessárias à vida.

Organizamo-nos desde a origem em grupos distintos em função da cor da pele, da língua e da religião. Mais adiante, nossos grupos, não raro se reagrupando entre eles, criaram nações. Cada uma é proprietária de um território que administra em total independência.

Nossa organização coletiva reconhece a necessidade de um poder sobre os seres humanos para estabelecer entre eles a ordem e o direito. Mas só reconhece esse poder às nações, tendo cada uma delas liberdade para descentralizar seu exercício, mas sem que qualquer poder se imponha a elas, nem sequer para administrar nosso habitat comum.

Ora, dotamo-nos de um sistema de organização material que é amplamente compartilhado por todos. Ele não tem comando nem mesmo regulação comum. Graves perturbações recentes nos exortam a compensar essa carência.

Além do mais, a impetuosidade desse sistema levou-nos a consumir alguns de nossos recursos com rapidez maior do que sua capacidade de renovação. Nossas gerações contemporâneas são, por isso, as primeiras a ameaçar a vida daquelas que nos seguirão.

A mesma impetuosidade gera dejetos e formas de poluição que superam nossas possibilidades de destruí-los.

A mesma impetuosidade, ainda ela, ameaça atualmente a estabilidade do nosso clima, com isso fazendo pesar uma ameaça mortal, a longo prazo, sobre nossa espécie e sobre a vida.

Por todos esses motivos, devemos reconhecer nossa interdependência mútua.

A necessária mudança passa pela regulação comum do nosso habitat, o planeta Terra, de seus habitantes, sua natureza e sua atmosfera.

INTRODUÇÃO

Desde que cada nação e cada povo sejam representados, ouvidos e respeitados, aceitemos que uma ou várias autoridades incumbidas da regulação ecológica do planeta e da circulação dos recursos entre os homens tenha/tenham a possibilidade de tomar medidas obrigatórias com essa finalidade.

Comprometamo-nos a trabalhar pela construção dessas instituições e renunciemos a criar obstáculos, em nome de nossa soberania, a toda medida em defesa do interesse geral da humanidade perante os interesses nacionais contrários, ainda que legítimos.

Michel Rocard

Apelo por uma governança mundial solidária e responsável

1. Uma "policrise"

Defrontamo-nos com uma conjunção de crises de alcance mundial que não tem precedente na História: esgotamento dos recursos naturais, destruição irreversível da biodiversidade, perturbações do sistema financeiro mundial, desumanização do sistema econômico internacional, fome e penúrias, pandemias virais, desagregações políticas... Ora, nenhum desses fenômenos pode ser considerado isoladamente. Estão todos fortemente interconectados, formando uma só "policrise", que ameaça este mundo com uma "policatástrofe". Está na hora de fazer uma avaliação sistêmica do problema, para finalmente apresentar soluções integradas — primeiros marcos na redefinição dos princípios que deverão inspirar a conduta global das questões humanas.

2. Reconhecer nossas interdependências

Como essas grandes crises do século XXI são planetárias, os homens e as mulheres do mundo inteiro devem reconhecer suas interdependências múltiplas (entre continentes, nações, indivíduos). Catástrofes ocorridas e catástrofes iminentes: de pé na encruzilhada das urgências, está na hora de a humanidade tomar consciência do seu destino comum. Nada de efeito borboleta, aqui, mas a realidade, grave e forte, de que é a casa comum de todos nós que corre o risco de desmoronar — e de que só pode haver salvação coletiva.

Lição por excelência da globalização, nenhum dos nossos Estados nem nenhuma instituição internacional está mais em condições, hoje em dia, de fazer cumprir uma ordem mundial nem de impor as indispensáveis regulações globais. O fim das tentações imperiais, o dobre de sinos da dominação ocidental e a intervenção de atores não governamentais assinalam hoje os limites da noção de soberania estatal e o fracasso de sua expressão internacional: o intergovernamentalismo.

Os interesses nacionais só podem ser salvaguardados por medidas comuns a todos, embora com demasiada frequência os egoísmos locais transformem o cenário internacional em fórum de barganhas muitas vezes sórdidas.

Seja em matéria de proteção do ambiente ou luta contra o aquecimento climático, de estabilização das trocas de matérias-primas e produtos de base, planejamento dos recursos energéticos, redução dos desequilíbrios econômicos e comerciais, regulação e controle dos mercados financeiros, ou ainda de consequências potencialmente desestabilizadoras dos fluxos migratórios, aumento das desigualdades ou da exclusão social, a segurança coletiva defronta-se com a inevitável miopia dos interesses nacionais.

Nesse jogo de soma zero, cada concessão parece sempre vivenciada como uma derrota. Até mesmo por trás da promoção da multipolaridade, muitas vezes esconde-se apenas o equilíbrio precário das aspirações nacionais à dominação. Para remediar esse problema, convém elaborar modelos de organização alternativos à hegemonia, ao mesmo tempo integrados e pluralistas.

3. Repensar os princípios jurídicos internacionais

Para instaurar uma governança mundial digna desse nome, ou seja, capaz de encontrar sua coerência em escala global, é necessário transformar o direito internacional em direito comum da humanidade, repensando os seguintes princípios:

— promover a evolução do princípio de soberania em direção à soberania compartilhada;

— redefinir o princípio de competência territorial para tornar possível uma justiça de vocação universal;
— reforçar o princípio de segurança internacional, com o desdobramento do "dever de proteger as populações" invocado pelo Conselho de Segurança da ONU a propósito dos massacres na Líbia, ampliando a esfera de proteção para além da violência armada, mediante o reconhecimento de um dever em relação às gerações futuras e à biosfera.

Pois uma verdadeira governança mundial só poderá desenvolver-se com a superação do obstáculo dos compromissos determinados exclusivamente pela barganha entre interesses particulares e, em seguida, a construção de mecanismos decisórios políticos planetários — no interesse da humanidade, entendida como uma comunidade não mais internacional, vale dizer, interestatal, mas mundial, ou seja, inter-humana.

4. Afirmar um princípio novo

O primeiro passo na direção dessa comunidade mundial, a condição preliminar do processo de metamorfose no qual poderia nascer uma sociedade-mundo de novo tipo, cuja unidade, ao mesmo tempo constituindo uma Terra-Pátria, preservaria a diversidade das pátrias e culturas, é associar os diversos atores, estatais e não estatais, indivíduos e organizações, ao reconhecimento universal de um princípio novo que resulta da interdependência, o princípio da intersolidariedade planetária. Inscrito no desdobramento dos grandes textos internacionais (da Declaração Universal dos Direitos do Homem ao Estatuto da Corte Penal Internacional, passando pelos bens públicos mundiais), esse princípio deverá ao mesmo tempo preservar a diversidade, num espírito de tolerância e pluralismo, e resistir ao relativismo que conduz à desumanização. Em vez de opor o princípio-responsabilidade ao princípio-esperança, o princípio de intersolidariedade os reconcilia, para que o medo dê origem à solidariedade e a responsabilidade se abra para a esperança.

5. Tomar três medidas urgentes

De tanto esquecer o essencial por causa da urgência, acabamos esquecendo a urgência do essencial.

Para evitar a repetição de crises econômicas e financeiras cada vez mais graves e desestabilizadoras, a intersolidariedade deve traduzir-se urgentemente pelo estabelecimento de três medidas exigidas pela sociedade civil e muitos parlamentos, e mesmo anunciadas por vários governos, mas na prática enterradas sob o peso dos *lobbies* bancários e financeiros:

— efetiva erradicação dos paraísos fiscais;
— separação entre bancos de depósitos e de investimento especulativo;
— taxação das transações financeiras.

6. Retomar negociações fundamentais

A intersolidariedade também deve levar a comunidade internacional a retomar o fio das negociações relativas às medidas de regulação e controle de uma economia globalizada, ao mesmo tempo assegurando um desenvolvimento durável equilibrado e uma redução das desigualdades interestatais e intraestatais. Essa ambição louvável e legítima, visando a estabelecer uma nova ordem econômica internacional mais justa e estável, condição essencial da segurança internacional, infelizmente foi sacrificada a partir da década de 1980, sob a pressão de teorias neoliberais cujos estragos são hoje avaliados em toda a sua abrangência.

Ela deve expressar-se, além disso, por meio de uma retomada das discussões e de uma rápida tomada de decisões sobre os problemas a serem resolvidos a curto prazo para a sobrevivência do planeta:

— salvaguarda da biosfera;
— eliminação das armas de destruição em massa;
— controle da energia nuclear.

7. Respeitar quatro condições permanentes

A efetiva aplicação pressupõe:

— reafirmar o conjunto dos direitos fundamentais dos indivíduos presentes, estendê-los às gerações futu-

ras e reforçar sua aplicação nos limites necessários ao respeito da ordem pública nacional e supranacional, numa sociedade democrática mundial;
— reconhecer que o fato de deter um poder em escala global, seja econômico, científico, de comunicação, religioso ou cultural, implica o corolário de uma responsabilidade global, vale dizer, estendida aos efeitos desse poder;
— induzir os Estados soberanos a reconhecer a necessidade de integrar à ordem pública supranacional a defesa dos valores e interesses comuns de que constituem indispensável apoio;
— favorecer o desenvolvimento das instituições representativas das comunidades internacionais regionais, ao mesmo tempo reforçando a comunidade mundial e o surgimento de uma cidadania global, para elaborar uma política comum para a regulação dos fluxos, assim como a prevenção dos riscos e a repressão dos crimes.

Apelo

Fazemos então um apelo pela criação de um laboratório político no qual possam ser concretamente definidos os interesses superiores da humanidade, um lugar de expressão da diversidade e da sabedoria das culturas, por meio de representantes da sociedade civil e das autoridades morais, intelectuais e científicas.

Apelamos aos representantes dos Estados para que façam pressão sobre a Assembleia Geral da ONU pela adoção de uma "Declaração Universal de Interdependência" que tenha como objetivo fazer respeitar o dever de proteção das populações contra riscos presentes e futuros e responsabilizar os diversos atores da globalização.

Apelamos, em suma, pela retomada do espírito pioneiro da Carta das Nações Unidas, que proclamava "Nós, os povos".

Signatários:
Edgar Morin, filósofo francês; Michel Rocard, ex-primeiro-ministro francês; Mireille Delmas-Marty, professora no Collège de France; Richard von Weizsäcker, ex-presidente da Alemanha; Milan Kucan, ex-presidente da Eslovênia; Stéphane Hessel, embaixador da França; Fernando Henrique Cardoso, ex-presidente do Brasil; René Passet, economista francês; Peter Sloterdijk, filósofo alemão; Bernard Miyet, diplomata francês, ex-secretário adjunto da ONU; Patrick Viveret, economista e filósofo francês; Ahmedou Ould Abdallah, subsecretário-geral das Nações Unidas, ex-ministro de Relações Exteriores da Mauritânia; Ruth Dreifuss, ex-presidente da Confederação Suíça; William Vanden Heuvel, diplomata americano, copresidente do Instituto Eleanor e Franklin Roosevelt; Michael W. Doyle, professor de relações internacionais na Universidade de Columbia; François Nordmann, diplomata suíço; Ricardo Lagos, ex-presidente do Chile.

A governança mundial é passível de democratização?

Mireille Delmas-Marty

A palavra "governança", derivada do francês antigo, remetia inicialmente à pilotagem de um navio. Aclimatada ao poder feudal na Idade Média inglesa, foi-se marginalizando na França à medida que se afirmava a ciência do bom governo. Voltou-nos há cerca de vinte anos, desde que a queda do Muro de Berlim abriu caminho para uma globalização não só econômica e financeira, mas também jurídica, que se desenvolve de tal maneira que parece ameaçar a soberania política.

Usa-se "governança" como uma forma de colocar a questão da organização dos poderes, mas sem transpor o modelo do Estado-nação, pois ninguém quer realmente um Estado mundial. Em suma, é uma maneira de dizer: Quem governa quando ninguém governa? Ou: Como governar sem governo?

A essa questão aparentemente insolúvel vem somar-se uma segunda ainda mais delicada: a governança mundial pode ser democratizada, num momento em que o sentimento dominante é o de que a globalização leva à desagregação de tudo que possibilitava a democracia?

A desagregação afeta inicialmente os Estados: embora não estejam fadados a desaparecer, eles estão submetidos a interdependências que minam a autoridade e a soberania nacionais. Na Europa, a maioria das decisões com repercussões em nosso cotidiano é tomada no nível da União Europeia, de tal maneira que, nas sociedades ditas "nacionais", não resta mais a menor parcela na qual a Europa não intervenha. Ora, a Europa depende amplamente das escolhas mundiais.

A desagregação também afeta a ideia de sociedade, definida como "um conjunto interdependente de instituições que têm a função de manter a coesão". Sem sociedade, toda democracia parece impossível. Mas como manter a coesão social apesar da separação entre uma economia regionalizada e mundializada e instituições que permaneceram nacionais? A fraqueza dessas instituições é de tal ordem, escrevia Alain Touraine, que a ruptura com a ideia de sistema social "deve ser claramente reconhecida e aceita, extraindo-se as devidas consequências".[1]

Finalmente, a desagregação está no cerne da ordem jurídica mundial. Sem aparentar preocupação,

---

1. Alain Touraine, "Une sociologie sans société", *in* Michel Wieviorka (dir.), *Les sciences sociales en mutation*. Paris: Edition Sciences Humaines, 2007.

a internacionalista americana Anne-Marie Slaughter descreve a ordem mundial como uma ordem desagregada (*"disaggregated legal order"*), constituída por uma combinação de redes (horizontais e verticais), reguladores, juízes e legisladores. Mas ela não explica como evitar o risco de assim favorecer as assimetrias do poder, trate-se do poder político, econômico, financeiro, científico e mesmo de comunicações.[2]

O reequilíbrio pressuporia uma governança mundial "democrática", no sentido de que seria a expressão não só dos povos, mas dos cidadãos do planeta. Entretanto, como proceder quando a organização mundial dos poderes, mal foi esboçada, já é contestada (tanto pelos movimentos altermundialistas[3] quanto pelos soberanistas e mesmo, de maneira mais surpreendente, por uma parte da escola liberal americana, que considera insuficientes as regulações em vigor)? Como proceder frente às repetidas crises que se sucedem há cerca de dez anos?

Considerando-se a violência dos conflitos e a intensidade dos bloqueios, a ambição de uma democratização da governança mundial pode parecer

---

2. Anne-Marie Slaughter, *A New World Order*. Princeton: Princeton University Press, 2004, p. 227 ss.
3. Expressão cunhada na França para designar os movimentos e as correntes políticas que divergem da maneira como a globalização (mundialização, na França) se dá no prevalecente contexto neoliberal, propondo uma "outra" (*alter*) globalização, sem, naturalmente, opor-se à realidade incontornável da globalização em si mesma. (*N. do T.*)

descomedida, mesmo utópica. Mas Jean Baechler nos advertira, e de certa maneira estimulara, no fim de sua dissertação sobre *As origens da democracia*:[4] "Uma vez instaurada, a democracia, mesmo a mais bem instituída, organizada e gerida por políticos e cidadãos virtuosos, normalmente caminha mal (...)."

Podemos então ficar tranquilos: a governança mundial tem todas as chances, pois de fato caminha muito mal. Resta saber se existe em escala mundial o equivalente desses movimentos "caóticos e mais ou menos opacos aos atores e aos contemporâneos [que] aos poucos fizeram surgir, de maneira tateante de início, e cada vez mais segura no fim, as democracias europeias e ocidentais de hoje".[5] Se a democracia mundial continua sendo uma utopia pouco realista, pois muitos Estados não são democráticos, em compensação é possível explorar o caos atual para tentar detectar eventuais processos de democratização. Desse modo, será partindo das *crises como revelador* desse tatear pré-democrático que tentaremos identificar dois processos (*coordenação dos atores* e *subordinação a valores comuns*) que podem favorecer a democratização da governança mundial.

---
4. Sessão de 11 de janeiro de 2010 na Academia de Ciências Morais e Políticas.
5. Ibid.

1. As crises como revelador

Podemos distinguir dois tipos de crises: umas pedem uma nova repartição dos papéis entre os atores da globalização, ao passo que outras mostram a necessidade de reconhecer valores comuns frente às interdependências ligadas aos crimes globalizados (terrorismo etc.) e aos riscos globais (sanitários, nucleares, ecológicos, econômicos, financeiros etc.).

No que diz respeito aos atores, os debates em torno do tratado constitucional europeu, da reforma da Organização Mundial do Comércio (OMC) ou da ONU revelaram inicialmente uma ausência de modelo teórico para imaginar as práticas ligadas à organização dos poderes. A crise da ONU mostrou que o antigo modelo — de um Estado-nação que reserva o poder político aos Estados e constrói o direito internacional sobre as relações interestatais — não funciona *mais*; mas os dois outros exemplos também demonstraram que o modelo alternativo — alternacional e, mesmo, supranacional — *ainda* não existe; não existe nem numa região que apesar de tudo é fortemente integrada há cerca de cinquenta anos, como a Europa, nem num domínio como o do comércio mundial, apesar de amplamente consensual.

Entre o que não é *mais* e o que *ainda* não é, o caminho está por balizar, mas já foi focalizado, pois as crises revelaram três dificuldades a serem resolvidas: a desarticulação dos poderes no seio das instituições nacionais; sua fragmentação nas instituições supranacionais; e a ascensão dos atores não instituídos que já participam da governança mundial. Não retomaremos as duas primeiras, já bem conhecidas. Em compensação, cabe insistir na dificuldade ligada aos atores não instituídos.

Na linha de frente estão os atores econômicos privados. Se a organização interna na empresa escapa à democracia (dos trabalhadores e dos acionistas), em compensação as empresas participam da democratização da governança mundial: o direito dos investimentos abrirá caminho com a invenção dos acordos de desenvolvimento econômico ou "contratos de Estado", que serão regidos pelo direito internacional público, embora não se trate de relações entre Estados, mas entre um Estado e uma pessoa privada. O direito do comércio também contribui para essa confusão, na medida em que descobrimos que os litígios de direito internacional público tratados na OMC, e considerados como interestatais, na realidade dizem respeito, de muito perto, aos interesses econômicos privados; ao passo que, em sentido inverso, começamos a observar a politização dos conflitos privados decorrentes da interconexão dos mercados.

O surgimento dos atores econômicos não pode ser dissociado do aparecimento dos atores cívicos. Não só eles podem intervir em jurisdições internacionais por vários motivos, especialmente como amigos da corte (*amicus curiae*), como sua influência sobre os poderes executivos e legislativos também ficou demonstrada, seja no comércio ou nos direitos humanos.

Certas organizações não governamentais (ONGs), novas potências coordenando múltiplas filiais em diferentes partes do mundo, tornaram-se autênticas "multinacionais da solidariedade". Apresentando-se como porta-vozes da contestação e críticas dos efeitos perversos da globalização, elas tornam-se interlocutoras dos poderes públicos, como reservatórios de ideias. Mas também têm seu próprio poder de ação, graças a orçamentos às vezes consideráveis. À falta de uma democracia representativa formal, podemos ver aí o esboço de uma democracia participativa, desde que nos mantenhamos atentos aos riscos de clientelismo e instrumentalização. Com essa ressalva, as ONGs poderiam ocupar no espaço público mundial em gestação o lugar deixado vago pela inexistência de uma assembleia parlamentar mundial, ao lado das organizações profissionais e dos sindicatos, cujo papel está de longa data inscrito no próprio organograma da Organização Internacional do Trabalho (OIT).

Finalmente, não devemos subestimar a importância dos detentores do saber, os cientistas no sentido amplo da palavra, igualmente atores no jogo complexo das estratégias de poder. No debate sobre saúde ou meio ambiente (na OMC ou na União Europeia), o papel dos especialistas científicos muitas vezes é determinante, embora a parte política da expertise fique quase sempre oculta na tecnicidade do seu trabalho. A questão da integração das ciências e técnicas à governança é levantada não só pelo crescente papel da internet, como também pelo surgimento de uma série de novos órgãos. Vejamos um exemplo conhecido: a criação em 1988 do Grupo Intergovernamental de Especialistas sobre a Evolução do Clima (Giec), sob os auspícios de duas organizações ligadas à ONU, o Programa das Nações Unidas para o Meio Ambiente (Pnuma) e a Organização Meteorológica Mundial (OMM). O Giec sem dúvida desempenhou um papel determinante na elaboração do Protocolo de Kyoto. Ainda que o pós-Kyoto pareça problemático após as reuniões de cúpula de Copenhague e Cancún, o trabalho dos especialistas constitui um excelente estímulo. A globalização dos conhecimentos científicos, confrontada com poderes políticos que continuam sendo de tipo intergovernamental, deve ser levada em conta em nossa reflexão sobre a democratização da governança mundial.

Vemos que, para sair das crises, não bastará instituir — ou reinstituir — poderes públicos tentando adaptar, por simples transposição de um espaço a outro, a distinção entre executivo, legislativo e judiciário. Certamente será necessário superar a oposição público/privado para coordenar os diversos atores.

Um dos motivos das crises repetidas vem talvez da obstinação, particularmente visível no debate sobre o tratado constitucional europeu ou sobre a reforma da ONU, de trabalhar sobre as instituições e entrar em disputa sobre a repartição dos poderes, no sentido mais restritivo da palavra, quando a crise certamente é mais profunda, alcançando as zonas obscuras das "pretensões" que remetem aos novos atores da globalização. Ora, esses são portadores de interesses, se não antagônicos, pelo menos diferentes: o interesse coletivo da empresa ou da organização profissional não se confunde necessariamente com o interesse geral, em outras palavras, o interesse comum, no sentido mais amplo da palavra, visando assim a valores comuns, sejam eles direitos humanos ou "bens públicos mundiais", englobando, por exemplo, a saúde da humanidade e a qualidade do seu meio ambiente.

Em termos de valores, as crises revelam a incoerência de uma governança na qual os diversos interesses não são defendidos no mesmo nível: os atores econômicos e financeiros já defendem seus interesses coletivos no espaço mundial, ao passo que os interesses comuns estão essencialmente na esfera de poderes exercidos no espaço nacional, permanecendo a noção de interesse geral inicialmente reservada ao Estado.

Seja analisada como um estado de direito sem Estado ou uma governança sem governo, nos dois casos a globalização sem leme nem bússola leva a incoerências que reduzem sua eficácia. Eis aqui dois exemplos.

— *As migrações.* As causas estruturais contradizem abertamente o modelo soberanista em que se baseiam os controles, pois à medida que a globalização econômica e financeira se desenvolve, a terra, as matérias-primas e o trabalho tornam-se mercadorias. A partir do momento em que a substituição da agricultura de subsistência pela agricultura mercante destrói as relações econômicas e sociais, ou em que a produção de colheitas de alto rendimento e baixo preço exclui os produtores locais dos mercados, os fluxos migratórios inevitavelmente são reforçados. Ignorando formas tradicionais de organização econômica e social baseadas em sistemas de reciprocidade e papéis previamente estabelecidos, são criados mercados de trabalho baseados no ganho privado e na mudança social.

Desde que teve início a globalização acelerada das trocas econômicas e financeiras, as imposições do mercado, que penetram o conjunto dos países do planeta sob o impacto das políticas de "ajuste estrutural", destroem as proteções. Num tal contexto, o empenho no sentido de inverter a tendência para a crescente mobilidade internacional dos indivíduos está fadado ao fracasso e o endurecimento jurídico do controle das migrações parece uma tentativa irrisória que acaba desumanizando sujeitos sem conseguir estabilizar o planeta.

— *A exclusão social contribui, assim, para o "paradoxo da prosperidade".* Essa expressão, tomada de empréstimo a Bertrand Collomb em sua recente defesa da empresa,[6] retranscreve "o paradoxo da prosperidade", a saber, aumentar as defasagens (seja nos Estados Unidos, na França ou em muitos países emergentes): na França, assim, entre 2004 e 2007, as rendas explodiram, mas apenas para o 1% mais rico (40% de progressão, contra 10% em média: no mesmo período, a proporção de pessoas vivendo abaixo do limiar de pobreza [900 euros mensais por pessoa] não se alterou significativamente).

Como explicar esse paradoxo?

Se a globalização agrava as formas de exclusão, não é tanto por gerá-las, destruindo empregos e agravando a pobreza; pelo contrário, ela tira muitos países do subdesenvolvimento e garante o recuo da pobreza absoluta. Não devemos, portanto, equiparar globalização e exclusão social.

Então, por que a prosperidade mundial aumenta as desigualdades?

A resposta é em parte jurídica, pois a globalização uniformiza os sistemas jurídicos contábeis e gerenciais. Essa globalização parcial tem como efeito dissociar as funções tradicionais do mercado (circulação,

---

[6]. Bertrand Collomb e Michel Drancourt, *Plaidoyer pour l'entreprise*. Paris: François Bourin Éditeur, 2010.

por um lado, e redistribuição, por outro) e, portanto, fazer uma distinção entre liberdades econômicas e direitos sociais. As liberdades de empreendimento e circulação de mercadorias, serviços e capitais são juridicamente impostas aos Estados pelas instituições econômicas e financeiras sob controle jurisdicional (Tribunal de Justiça da União Europeia) ou quase jurisdicional (Órgão de Recursos da OMC) exercido no nível supranacional; em compensação, os mecanismos de redistribuição estão prioritariamente na esfera do direito nacional.

Com efeito, o nível mundial mantém-se fragmentário, e cada setor do direito internacional desenvolve-se em seu próprio ritmo: o mercado se globalizou mais rapidamente do que os direitos sociais, proclamados em nível mundial, mas aplicados em nível nacional. Ora, a margem de reequilíbrio dos Estados é reduzida pela concorrência entre os sistemas de direito, convocados a reduzir as garantias sociais para atrair os investidores, com isso correndo o risco de abrir as portas aos especuladores.

Em suma, as crises, mostrando que a democratização implicaria uma governança complexa, ao mesmo tempo horizontal e vertical, interativa e evolutiva, sugerem dois processos de democratização.

Um deles seria a busca de uma nova coordenação de papéis entre os diferentes atores da globalização, trate-se dos atores públicos, estatais, interestatais ou supraestatais, titulares dos poderes legislativos, judiciários e executivos ou dos membros da sociedade dita "civil", composta dos atores econômicos e cívicos que expressam vontades já globalizadas, e dos atores científicos, titulares de um conhecimento já mundial. À trilogia dos poderes (legislativo, judiciário e executivo) seria necessário acrescentar uma trilogia das funções (poder, querer, saber).

Entretanto, para democratizar a governança, também seria necessário subordiná-la a valores comuns suscetíveis de serem opostos, em diferentes níveis, aos diferentes atores de governança. Em outras palavras, tratar-se-ia de resolver o enigma de uma comunidade que se constrói sem princípios fundadores, pois o universalismo dos direitos humanos, afirmado por instrumentos como a Declaração Universal dos Direitos do Homem e os pactos internacionais das Nações Unidas, ainda está por se construir como um processo evolutivo de humanização recíproca da governança mundial. Começaremos pelos atores.

2. Coordenar os atores da governança

Entre atores instituídos (estatais, interestatais e supraestatais), as relações já são estruturadas pelos diversos estatutos das organizações internacionais. Essas relações são tanto mais importantes na medida em que a necessidade de Estado não desapareceu, muito embora as competências sejam parcialmente transferidas para os planos regional e mundial.

Resulta daí uma certa desordem entre os três poderes. Por um lado, os juízes tornam-se pilotos da globalização, com os recursos ao seu alcance, sem nova reforma institucional. As técnicas de interpretação, horizontais e verticais, de fato oferecem às jurisdições nacionais numerosas possibilidades de se emancipar do direito interno, enquanto simultaneamente se afirma o lugar de novas jurisdições inter ou supranacionais. O problema reside na impotência dessa justiça globalizada. À falta de um verdadeiro poder executivo mundial, e em virtude da composição ao mesmo tempo pouco democrática e pouco realista do Conselho de Segurança da ONU, o executivo mantém-se nas mãos dos Estados. Quanto ao poder legislativo, a maior parte dos textos é negociada pelos governos a cargo dos interesses nacionais.

Para evitar confusões entre um executivo que essencialmente se mantém nacional e um legislativo emergente na Europa e inexistente em escala mundial, o princípio de cooperação, combinado com o de subsidiariedade, é primordial. Ambos deveriam ser explicitados e controlados em sua aplicação, como começa a acontecer no contexto da construção europeia e, num futuro próximo, em escala mundial, por meio do Tribunal Penal Internacional (TPI). Em matéria penal, o Tribunal de fato pode invocar seu estatuto para exigir a cooperação dos Estados, mas também terá de legitimar sua competência demonstrando que o Estado normalmente competente não pode ou não quer julgar o caso.

Mesmo aperfeiçoada, a coordenação entre atores instituídos não será suficiente. Na prática, muitas vezes são os atores não instituídos, aqueles que são portadores dos conhecimentos e das vontades, que põem a sociedade em movimento e poderiam ser os autênticos inventores da democratização mundial.

Entre atores instituídos e não instituídos (estatais, interestatais e não estatais), as relações são quase sempre informais, pois não existe um quadro geral de definição do estatuto das ONGs, apesar de sua extrema diversidade, nem do estatuto da empresa, cujo lugar na elaboração das normas deve ser reconhecido e levado em conta, muito embora dispositivos como o Pacto Mundial privilegiem o direito flexível sobre o direito dogmático.

Trate-se das empresas multinacionais, das conferências de cidadãos sobre os organismos geneticamente modificados (OGMs) ou do papel das ONGs na elaboração de várias convenções importantes (convenção do TPI ou convenção sobre a proibição de minas antipessoais). A atual evolução convida a especificar as condições e os limites de sua participação no exercício do poder legislativo ou às vezes judiciário (citemos os diferentes tipos de intervenção das empresas e das ONGs nos tribunais: parte principal, *amicus curiae*, ação coletiva etc.) e, portanto, a especificar a relação poder/querer.

Nesse terreno, o maior problema a resolver é o da legitimidade, pois a partir do momento em que esses atores representam interesses privados, nada provando que esses se identifiquem com o interesse geral, o principal risco diz respeito aos conflitos de interesse. Particularmente visível quando se trata dos atores econômicos, esse risco também se manifesta, como vimos, a propósito dos atores cívicos, como as ONGs, ou científicos, como os especialistas. Até mesmo um simples cidadão que participa das conferências de cidadãos ou se torna cidadão-repórter na internet pode ser apanhado num tal conflito. Donde a importância dos princípios de transparência e pluralismo.

Tais princípios são essenciais na relação poder/saber, perturbada pelas novas tecnologias da informação, desde logo mundiais, e pela globalização da expertise. Se a digitalização pede uma reflexão política, e não apenas técnica, sobre os critérios da "governança internet", o mesmo se aplica ao estatuto dos especialistas, se levarmos em conta que o conhecimento deve inspirar as decisões, mas não produzi-las por si mesmo.

É necessário, portanto, globalizar esse estatuto em torno de princípios como a liberdade de investigação; a competência, atestada por critérios de avaliação que devem ser harmonizados; mas também a independência em relação aos interesses em jogo, não só diante dos meios profissionais, mas também dos poderes públicos; e a imparcialidade, que implica a sistematização das declarações de interesses. Uma futura expertise mundial de governança pressupõe a qualidade das provas e dos procedimentos de avaliação: transparência, contradição e proteção do lançador de controvérsias, pluralismo para integrar as especificidades geográficas, econômicas e culturais, prazo razoável — os juristas terão reconhecido nas qualidades do investigador o retrato do bom juiz.

Dito isso, mesmo enquadrada por princípios como a cooperação e a subsidiariedade dos atores estatais e interestatais — ou a transparência e o pluralismo dos atores não estatais —, essa coordenação não basta. Ao reforçar a legitimidade, e às vezes a eficácia, ela pode contribuir para uma organização mais democrática da governança mundial, mas não garante a coerência ética. Resta subordinar a governança, em seus diversos setores, a valores comuns.

3. Subordinar a governança aos valores comuns

A questão foi timidamente levantada a propósito da reforma da ONU,[7] mas essa se limita essencialmente a uma transformação da antiga Comissão dos Direitos Humanos em um conselho que se torna permanente, cujo acesso é um pouco mais restrito e cuja sede em Genebra deveria facilitar a sinergia com o Alto Comissariado dos Direitos Humanos. Em compensação, na convergência do trabalho legislativo e jurisdicional, a aplicação prática dos direitos humanos permite apreender a maneira como esses direitos ditos universais podem mais modestamente universalizar-se por um processo evolutivo de humanização recíproca da governança mundial. Os valores comuns devem ser extraídos da atual busca hesitante segundo dois princípios: um de coerência, que condiciona a legitimidade desses direitos ditos "fundamentais", e, para assegurar sua eficácia, um de responsabilidade. É pela combinação desses dois que se poderá garantir o novo princípio, acima proposto, de "intersolidariedade planetária".[8]

O princípio de coerência permitiria resolver os conflitos gerados pela atual compartimentação dos dife-

---

7. Ver Emmanuel Decaux (dir.), *Les Nations unies et les droits de l'homme: enjeux et défis d'une réforme*. Paris: Pedone, 2006.
8. Sessão de 7 de julho de 2008 na Academia de Ciências Morais e Políticas.

rentes setores da globalização. Seria lógico que essa coerência fosse assegurada por referência à Declaração Universal dos Direitos Humanos, explicitada pelos dois pactos da ONU, mas certos Estados ratificaram esses pactos de maneira seletiva e a maioria deles formulou reservas que limitam o alcance de seu comprometimento. Ora, não só esses primeiros obstáculos não foram superados, como a palavra de ordem da "guerra ao terrorismo" é acompanhada de novas resistências, até nos países ocidentais, que evidentemente não favorecem a adesão dos outros países.

Apesar do persistente desafio ao que é considerado um instrumento de hegemonia ocidental, no contexto da jurisprudência do Tribunal Internacional de Justiça (TIJ), a referência aos direitos dos povos e aos direitos humanos, partindo das próprias partes envolvidas nos processos, é cada vez mais frequente, especialmente nas questões envolvendo a pena de morte, nas quais o TIJ progressivamente se vem mostrando mais ousado.

Observam-se também certos aperfeiçoamentos, já feitos ou em processo de execução, do funcionamento dos órgãos de fiscalização dos tratados da ONU relativos aos direitos humanos (difusão de um modelo de exame das comunicações individuais, racionalização do procedimento de exame das relações estatais) e importância crescente dos chamados órgãos "subsidiários" (especialistas independentes, relatores temáticos e relatores especiais designados por países).

Dito isso, apesar das hesitações, a verdadeira democratização choca-se com a compartimentação e a fragmentação ainda por resolver no conjunto das instituições internacionais, trate-se das instituições financeiras que não se consideram obrigadas pelos pactos da ONU e da OMC, que não integram os princípios da OIT ou das jurisdições penais internacionais, que citam os textos e às vezes a jurisprudência, mas se recusam a considerar-se obrigadas pelos instrumentos de proteção dos direitos humanos. À espera da consagração de uma verdadeira hierarquia das normas, que pressuporia a indivisibilidade do conjunto dos direitos humanos, controlada por um tribunal mundial, a busca de coerência poderia tomar outros caminhos: ou bem o dos bens públicos mundiais, concebidos pelos economistas e que hoje surgem como valores globais em formação, ou bem o do *jus cogens*, que consiste, em direito internacional, em considerar certas disposições como imperativas, correndo-se o risco de favorecer um uso seletivo dos direitos humanos. Embora os juízes europeus a ele remetam às vezes, o TIJ mostra-se extremamente prudente.

Quanto ao princípio de responsabilidade, faz parte da democracia, como demonstrou Jean Cluzel, e deveria levar a reconhecer que "deter um poder em escala global, seja ele político, econômico, científico, de comunicação, religioso ou cultural, implica o corolário de uma responsabilidade global, vale dizer, estendida aos efeitos desse poder".[9] Não nos devemos deixar enganar pela aparente simplicidade dessa proposta. Trata-se de uma das questões mais delicadas na democratização da governança mundial, por estar espalhada por diversos ramos do direito. No que diz respeito à responsabilidade dos Estados, a comunidade internacional tenta há vários anos formular as regras que permitam codificá-la, sem consegui-lo. O mais recente projeto, adotado por uma resolução da Assembleia Geral das Nações Unidas a 12 de dezembro de 2001, refere-se às "violações graves de obrigações decorrentes das normas imperativas do direito internacional geral". Embora deixe em parte sem solução a questão das contramedidas, ele consagra a existência de um regime de responsabilidade em relação à comunidade internacional como um todo. Essa ampliação, contemplando uma responsabilidade por atentado aos interesses da ordem pública internacional, certamente explica a resistência dos Estados, que preferem ater-se ao contexto estritamente bilateral já reconhecido, opondo um Estado autor a um Estado vítima. Isso prova a importância dos chamados tratados "setoriais", incluindo-se na expressão os direitos humanos, pois eles permitem testar a eficácia dos mecanismos de responsabilidade específicos, nacionais e supranacionais.

---

9. Cf. Declaração de Interdependência, 2005, *Collegium International*, formado por ex-dirigentes políticos e pesquisadores, economistas, filósofos e juristas.

Mas a responsabilidade mundial não pode limitar-se aos Estados. Em vista do crescente papel dos atores não estatais, ela também envolve um outro tipo de responsabilidade universal, a responsabilidade das empresas perante certos juízes nacionais. Hoje basicamente limitada à competência quase universal dos tribunais americanos, decidida pelo legislador americano em matéria civil (ATCA[10]) e mais tarde penal (SOX[11]), e validada em 2004 pela Suprema Corte dos Estados Unidos, ela requer uma harmonização em torno de princípios comuns.

Uma harmonização que sem dúvida terá de ser estendida da responsabilidade por culpa a uma responsabilidade pelos grandes riscos: esse terceiro ramo da responsabilidade universal, imaginado por uma vanguarda da doutrina civilista francesa, de fato poderia fundar uma "ação de prevenção", para proteger os interesses essenciais da humanidade frente aos grandes riscos (ecológicos, sanitários etc.). Limitada aos atores que detêm um poder suficiente para gerar tais riscos, ela teria como finalidade incumbir o responsável pelas medidas de conservação e mesmo pela busca de soluções alternativas.

Mas será necessário conseguir identificar aquele que decide, não obstante a organização das empre-

---

10. Alien Tort Claims Act.
11. Saubanes-Oxley, lei federal sobre a reforma da contabilidade das sociedades com cotação em bolsa e a proteção dos investidores.

sas em grupos ou redes extremamente instáveis. Em nome de uma "permanente recomposição do tecido produtivo", a concepção institucional cedeu frente à concepção financeira e a própria empresa torna-se um dos bens em circulação nos mercados financeiros. O poder deslocou-se dos mandatários sociais para os acionistas, entre os quais "nada distingue o investidor do especulador", e o especulador não está muito preocupado com o bem comum da humanidade.

Parece claro que o desenvolvimento de uma responsabilidade universal, trate-se dos Estados ou de outros atores, pressuporia um acordo sobre valores pelo menos universalizáveis, do qual ainda estamos longe.

Trate-se de coerência ou de responsabilidade, a questão dos valores é, portanto, a chave de uma governança mundial democrática. Mas o direito não cria os valores. Ele pode apenas contribuir para a democratização acompanhando o surgimento de valores comuns, desde que adote uma abordagem pragmática, mais do que dogmática, e evite um fundamentalismo dos direitos humanos que gera obstáculos para sua aplicação.

Isso não quer dizer que seja necessário resignar-se a um relativismo desencantado. Lembremos o apelo de Paul Valadier em sua *L'Anarchie des valeurs*. À pergunta "O recurso ao valor seria um talismã a ser brandido fora de contexto e fora da história?", o autor dá uma resposta ao mesmo tempo modesta e pragmática: "O recurso ao valor (...) é um elemento essencial para juntar numa unidade (provisória) de sentido a diversidade dos dados constitutivos da ação humana."[12] Ele convida a levar em conta o peso do real para descobrir nessa experiência jamais concluída não o caminho, mas os caminhos da sabedoria, caminhos nos quais temos de encarar "o desmentido do ideal pelo real fenomenal". Para isso, sugere um método a que dá o nome de "praxeologia", uma prática que não abre mão da ética e pode levar a um universal concreto e plural por ele associado ao bem comum, supremo objetivo da democracia.

Esse bem comum não poderá ser encontrado apenas na busca de caminhos e meios políticos, jurídicos e econômicos. Pois a democratização também tem uma dimensão cultural, e mesmo religiosa, ou pelo menos espiritual: em outras palavras, está estreitamente ligada à humanização, sem a qual a governança mundial ficaria limitada à sobrevivência da espécie num mundo uniformizado e destituído de toda espiritualidade.

---

12. Paul Valadier, *L'Anarchie des valeurs*. Paris: Albin Michel, 1997, p. 157.

Imperativo categórico e imperativo absoluto

Peter Sloterdijk

A política e a filosofia hoje, como na época das fundações gregas, têm um forte traço comum: ambas, cada uma à sua maneira, são artes que implicam preocupar-se com o mundo como um Todo. O que vale mais do que qualquer outra coisa na atual situação do nosso planeta. Temos, particularmente neste momento, motivos muito sérios para comparar essa situação com a que prevalecia depois de 1945. Pensando nas catástrofes que tinham atravessado, algumas das maiores mentes desse período falaram de uma era do medo, semelhante à que o poeta americano-britânico W. H. Auden evocara em seu grande poema "Age of Anxiety". Mas também falaram de uma era das reconstruções — que se haviam tornado indispensáveis depois da devastação das guerras mundiais. Por analogia com esses grandes diagnósticos que tiveram importantes consequências, podemos fazer uma dupla constatação sobre nossa época. À sua maneira, ela é igualmente uma era da angústia — da preocupação global, mas também da desorientação. E ainda podemos ver nela uma era das provocações construtivas e das reviravoltas mais audaciosas contra a ordem habitual das coisas.

No que diz respeito ao aspecto filosófico da arte, que consiste em se preocupar com o mundo em seu conjunto, ou melhor, em se deixar contaminar pelas grandes preocupações do mundo, ele só pode, numa primeira etapa, ter como objetivo a superação do clima de desmoralização que se estabeleceu na existência de inúmeros contemporâneos — uma desmoralização cujas origens estão no angustiante gigantismo dos atuais desafios, na inquietante desproporção entre os fins e os meios da política e na consternadora inconsequência e incoerência do discurso e da ação das classes a cargo das responsabilidades. Se é preciso agir contra a desmoralização, a reflexão filosófica só pode fazê-lo formulando uma linha de ação que forneça uma orientação suficientemente forte, não obstante as confusões pragmáticas.

Gostaria de lembrar aqui que, pelo fim do século XVIII, Immanuel Kant julgava ter encontrado um princípio puramente diretivo desse tipo — ele o expressou no seu famoso imperativo categórico, assim resumido numa de suas formulações: "Aja de tal maneira que a máxima da sua ação possa sempre valer ao mesmo tempo como lei universal." Ao expor esse princípio, Kant queria reconciliar o egoísmo dos interesses privados e as exigências do bem comum, ao mesmo tempo possibilitando a coexistência de todas as criaturas racionais no contexto jurídico da sociedade burguesa.

Meio século depois, impressionado com a profunda miséria da classe operária na Europa, Karl Marx modernizava o imperativo categórico liberal para transformá-lo numa tese revolucionária: o dever absoluto de todo homem é eliminar as situações nas quais ele fosse uma criatura pobre, miserável, desprezível, abandonada. Temos o direito de interpretar as sinergias antagônicas do liberalismo e do socialismo nos séculos XIX e XX como a expressão de um esforço comum visando a pôr em prática esse poderoso imperativo.

Uma centena de anos depois, voltamos a nos questionar sobre a boa formulação do princípio ético central: na década de 1970, o filósofo Hans Jonas, assistindo ao agravamento da crise ecológica, atualizou o imperativo categórico orientando-o para o futuro e a política em relação à natureza: "Aja constantemente de maneira que as consequências da sua ação sejam compatíveis com a permanência de uma vida autenticamente humana neste planeta."[1]

---

1. Hans Jonas, *Le principe responsabilité. Une éthique pour la civilisation technologique* (trad. J. Greisch). Paris: Cerf, 1990 (Collection Passages).

Limitar-me-ei aqui a constatar que essa série de redações do imperativo categórico revela uma crescente dramatização. Kant e Marx ainda são filhos da crença europeia na História: estão impregnados da convicção de que o Homem, criatura histórica, deve fazer o que é moralmente necessário no tempo que lhe é atribuído — contra todas as resistências, que visam a retardar o que é moral e politicamente justo. Num mundo segundo Kant ou Marx, sempre podemos, em princípio, saber com bastante precisão o que é necessário fazer — e, por sinal, podemos esperar que as condições estejam maduras para fazê-lo. Enquanto isso, desfrutamos da certeza de que o que é justo é apenas temporariamente adiado, mas nunca poderá tornar-se inatual.

Para o progressismo clássico, é evidente que é preciso dar tempo ao tempo. Bem outra coisa se dá no caso do novo imperativo redigido por Hans Jonas. No mundo da preocupação ecológica, com efeito, existem prazos que podem ser estabelecidos por processos físicos externos — e, ao contrário do que acontece na história humana, na qual sempre estamos no direito de esperar uma segunda ou uma terceira chance para recuperar o que não foi feito até então, aqui é a lei da irreversibilidade que se aplica.

Permitam-me lembrar um documento redigido recentemente e que exprime a ideia, adaptada ao novo imperativo ecológico, de que o adiamento é inadmissível. No fim de maio de 2011, alguns contemplados com o Prêmio Nobel reuniram-se em Londres para debater a atualização do imperativo ecológico. No fim da reunião, apresentaram o *Memorando de St James' Palace* (nome do lugar onde se reuniram), texto no qual reiteram as reivindicações feitas há décadas de uma nova política climática e uma agenda de medidas em favor da preservação das reservas naturais mundiais. O que chama a atenção nesse documento é seu tom inquietante, a exortação impaciente que nele se expressa: um grupo de eminentes cientistas, que não podem ser acusados de especial inclinação para declarações histéricas e exageros apocalípticos, resolveu correr o risco de se dirigir aos dirigentes deste mundo em termos que não podemos deixar de interpretar como um sinal de alarme incondicional. Esse alerta não pode deixar de abalar nem mesmo nossos contemporâneos imunizados contra o alarmismo pelo espírito crítico e que rejeitam toda forma de catastrofismo. Os autores do apelo de Londres não se limitam a reproduzir a lista já bem conhecida das medidas que devem levar a uma Grande Transformação — para usar a linguagem de Edgar Morin: a uma metamorfose da qual pudesse surgir um novo modelo de civilização —, compreendendo a formulação de um tratado universal sobre o clima, a reorientação de toda a civilização para tecnologias sem emissão de carbono e a proteção das florestas tropicais. O que mais impressiona nesse documento é o fervor com que os cientistas frisam a necessidade de agir *agora*. A palavra-chave nessa mais recente redação do imperativo ecológico é, logicamente, a urgência do agora (*The Urgency of Now*). Ela decorre do fato de que, no universo dos processos irreversíveis, não existe segunda chance. Quando depositamos nossas esperanças no aperfeiçoamento do mundo ao longo da História, sempre temos uma nova manhã diante de nós. Em compensação, quando pretendemos pôr termo à degradação imposta ao mundo pela destruição descontrolada do clima, do meio ambiente e da coesão social, não temos mais um único dia a perder.

Esse movimento para a ação baseada na responsabilidade global só pode dar-se se chegarmos a formular um novo conceito da solidariedade concreta, carregado de implicações universais. Gostaria de procurar esboçar aqui a maneira como seria possível expressar um conceito desse tipo — e de fazê-lo usando os termos de uma imunologia sistêmica geral. A imunologia geral parte do axioma de que a vida é a fase de êxito de um sistema imunitário — o termo "vida", aqui, não remete apenas aos organismos biológicos, mas também à existência histórica das culturas, dos povos, das instituições. Imunidade designa inicialmente a proteção jurídica desfrutada pelos que exercem funções importantes para a comunidade

— o que frisa o vínculo profundo entre comunidade e imunidade. O sistema do direito romano já entendera que não existia *communio* sem estruturas adaptadas de *immunitas*. Cada sistema imunitário é a encarnação de uma expectativa de ferida, ou uma defesa institucionalizada contra a nocividade. No ser humano, três níveis sincronizados de sistemas imunitários se adicionam: a imunidade biológica protege os organismos individuais contra infestações e feridas típicas; a imunidade social, por sua vez, é garantida por sistemas de solidariedade simples (como a hospitalidade, a ajuda de vizinhança) ou complexos (Estado previdenciário, seguros) e pelo sistema jurídico. Essas instituições exprimem a ideia de que os homens são criaturas que só podem prosperar no elemento do apoio mútuo e unicamente sob a proteção de leis que impeçam a injustiça.

A essas formas de ordem somam-se, na maioria das culturas, sistemas imunitários simbólicos ou ritualísticos, convencionalmente designados na Europa pelo nome de "religiões": elas proporcionam aos homens palavras e atitudes que os ajudam a superar os momentos de desorientação e desespero. Os sistemas imunitários simbólicos compensam a morte e garantem a transmissão das normas comuns na sucessão das gerações.

Os sistemas solidários e imunitários dos tipos jurídico e religioso visivelmente ultrapassam o horizonte do egoísmo organísmico. Também estabelecem, como todas as estruturas imunitárias, a distinção entre o que lhes é próprio e o que lhes é estranho, mas com a nuance de que não definem o "próprio" de uma maneira puramente biológica, mas cultural: seja como povo ou grupo de povos, ou como comunidade e sucessão de gerações no interior dessa mesma comunidade. Nesse nível, portanto, a imunidade sempre implica um forte elemento de altruísmo cultural. Na medida em que aprendem a se comportar como atores de sua cultura, os indivíduos rechaçam as vantagens privadas para trabalhar pela vantagem do grupo de grande tamanho. Para se afirmar na onda do tempo, as culturas e os povos devem levar os indivíduos a entender que sua imunidade privada só pode ser garantida no contexto de uma coimunidade social eficiente. Em consequência, a coimunidade é a palavra-chave para compreender as histórias políticas e sociais bem-sucedidas. Ela permite entender de que maneira os homens podem, de maneira geral, cooperar no seio de grupos de um certo tamanho. O cálculo coimunitário explica o sacrifício de algo num nível inferior em proveito de algo num nível superior.

É sobre esse princípio que repousam os sacrifícios e os impostos, as boas maneiras e os serviços, as asceses e as virtuosidades.

A atual situação do mundo caracteriza-se pela ausência de oferta de coimunidade eficiente aos membros

IMPERATIVO CATEGÓRICO E IMPERATIVO ABSOLUTO

da "comunidade mundial". No nível mais alto, não existe sistema solidário convincente do ponto de vista operacional, mas apenas uma guerra clássica entre grupos de pressão — o que nem mesmo a existência de uma instituição como a ONU e de outros fóruns globais pode alterar provisoriamente. As unidades eficientes de coimunidade encontram-se sempre, hoje como ontem, em formatos restritos: são familiares, tribais e nacionais. Mesmo os atuais impérios continuam obedecendo à lei da exclusividade, na medida em que ainda estabelecem uma diferença entre o que lhes é próprio e o que lhes é estranho. Nessa situação reina a competição habitual — ou a guerra de todos contra todos. Os subsistemas fragmentários obedecem, em sua rivalidade, a uma lógica inexorável que regularmente transforma os ganhos imunitários de uns em perdas imunitárias de outros. Cada sistema fragmentário procura safar-se como pode, enquanto o conjunto permanece exposto, sem proteção, à pilhagem dos combatentes.

A deriva catastrófica dos processos globais exige hoje uma reflexão sobre a criação de uma unidade de solidariedade global, suficientemente forte para servir de sistema imunitário ao Todo desprovido de defesa — esse Todo não protegido que chamamos de Natureza, Terra, atmosfera, biosfera, antroposfera. O imperativo categórico atualizado por Hans Jonas deve então ser levado ainda mais longe. A máxima da ação, em nossa época, deve ser a seguinte:

> Aja de tal maneira que as consequências da sua ação favoreçam, ou pelo menos não entravem, o advento de um sistema de solidariedade global. Aja de tal maneira que a prática da pilhagem e da externalização em vigor até agora possa ser substituída por um *ethos* da proteção global. Aja de tal maneira que as consequências da sua ação não gerem novas perdas de tempo na negociação dessa virada já agora indispensável no interesse de todos.

Dos princípios para a organização de uma governança mundial

René Passet

A globalização pertence ao domínio dos fatos: "O fato de se tornar mundial, de se disseminar por todo o mundo", diz o dicionário Le Robert. De nada serve negar um fato: quando ele é, limita-se a ser... com obstinação. Só é possível influenciá-lo partindo da realidade de sua existência. Não se pode eliminá-lo por decreto: nem a nação ou a máquina a vapor ontem, nem a globalização ou o computador hoje...

Trata-se de um fato velho como o mundo: partindo da África, os primeiros hominídeos espalham-se pelo planeta; desde os fenícios no século IX antes de Jesus Cristo, passando pelos gregos, pelas feiras de Champanhe na Idade Média, pela descoberta do Novo Mundo em 1492, pelas cidades mediterrâneas do Renascimento, pelas conquistas coloniais nos séculos XVIII e XIX, pelo desenvolvimento dos meios de comunicação no século XX, os homens nunca deixaram de se lançar à conquista do espaço... muito além das fronteiras do nosso planeta. Trata-se com certeza de um elã profundamente enraizado na própria essência da vida. Num de seus últimos livros, *O comportamento motor da evolução* (1976), Jean Piaget frisava a tendência espontânea da mais elementar das células vivas para explorar o mundo que a cerca e, portanto, evoluir, adaptando-se a novos meios.

Mas é ao mesmo tempo um fenômeno profundamente renovado. Pois a globalização não se define apenas de maneira quantitativa. Os fluxos de capitais e mercadorias no mundo assumiram em outras épocas uma importância relativa tão grande quanto hoje em relação ao produto mundial: na França, assim, em 1920, as exportações representavam aproximadamente um quarto do PIB, exatamente como hoje.

Mas dois fenômenos recentes — um técnico, o outro político — vieram transformar profundamente o seu alcance.

O primeiro reside no surgimento do computador e na emergência do imaterial. "Estamos saindo do neolítico", gostava de afirmar o grande paleontólogo André Leroi-Gourhan. Queria dizer com isso que no neolítico, sedentarizando-se, as populações humanas — usando sistematicamente o solo como receptáculo da energia solar para cultivar a planta e criar o animal — tinham entrado numa fase de desenvolvimento puxada pela energia (o sol, o vento, a água, o vapor, a eletricidade, o petróleo, o átomo, as energias psicoquímicas...) e que, atualmente, entrávamos numa nova fase cujos motores se deslocavam para fora desse campo, em direção ao imaterial. É uma revolução considerável, cujos efeitos mal começamos a entrever. O computador também é um instrumento que permite ligar em tempo real todos os pontos do mundo: assim, para dar apenas um exemplo marcante, pudemos acompanhar instantaneamente, em qualquer lugar do planeta onde estivéssemos, a tragédia de Manhattan, em 11 de setembro de 2001, à medida que se desenrolava. "Uma economia capaz de funcionar em tempo real em escala planetária"... é assim que Manuel Castells[1] define a "globalização" atual; trata-se de uma situação nova que transforma radicalmente a natureza do fenômeno "mundialização".

A globalização contemporânea caracteriza-se por uma mutação — muito mais do que pelo desenvolvimento das trocas — que se traduz num mundo de interdependências generalizadas, organizado em redes e conduzido pelas forças do imaterial. Mas o que decorre desse contexto renovado depende da política à qual é submetido.

O segundo fenômeno — o acontecimento político —, iniciado na década de 1980, não é outro senão a liberação dos movimentos de capitais no mundo, a qual,

---

1. Manuel Castells, *L'Ère de l'information*, t. I: *La société en réseaux*. Paris: Fayard, 1998.

permitindo sua concentração para além das fronteiras nacionais, leva à formação de um poder financeiro planetário superior ao dos Estados. Não devemos confundir a globalização — fato inelutável decorrente da evolução das técnicas contemporâneas — com sua forma financeira, fruto de políticas humanas que podem ser questionadas por outras políticas. Aceitar aquela de modo algum implica a aprovação dessa, que pode até ser rejeitada... por globalismo.[2]

Às diferentes etapas da evolução técnica corresponderam diferentes modalidades de organização das sociedades humanas. À representação mecanicista do universo, herdada do século XVIII e da Revolução Industrial, respondiam a concentração das forças produtivas, a organização hierárquica dos poderes na empresa e na nação, assim como — da comuna à nação — um recorte piramidal do espaço em estruturas encaixadas. A era da informática, em compensação, é a era da relação e da organização em rede e dos sistemas complexos, tendo como modelo não mais a máquina, mas o que é vivo. Desde Berthelot, sabemos que os seres vivos não se distinguem do inanimado pela natureza dos materiais que os constituem, mas por sua organização.

---

2. Ver por exemplo meu livro *Elogio da globalização*. Rio de Janeiro: Record, 2003.

Investigando essas diferentes formas de organização, o objetivo, naturalmente, seria apenas buscar princípios, e não transpor modelos. Investigamos, assim, os sistemas complexos e se o que é vivo quase sempre nos responde, é porque as disciplinas a que está ligado foram as primeiras a tomar esse caminho. Como dizia o biólogo Henri Laborit:

> Um organismo é constituído de estruturas que possuem uma finalidade funcional e que, por níveis de organização, concorrem para a finalidade do conjunto, finalidade que parece ser o que poderíamos chamar de sobrevivência desse organismo e que resulta da preservação de sua estrutura complexa num meio que não o é tanto (...). Esse conceito leva-nos a considerar que a finalidade de cada elemento, de cada subconjunto ou parte de um organismo vivo concorre para a finalidade desse organismo, mas que, retroativamente, a preservação de sua estrutura de conjunto, finalidade desse organismo, garante a finalidade de cada um desses elementos e, logo, a preservação de sua estrutura.[3]

Está tudo aí: a afirmação da existência de uma pluralidade de níveis de organização (tendo cada um suas próprias finalidades e funções) no interior do sistema;

---
3. Henri Laborit, *La nouvelle grille*. Paris: Robert Laffont, 1974.

a designação de um princípio de arbitragem entre as finalidades desses diferentes níveis; um princípio de economicidade e imposição mínima implicando a cooperação de todos para a preservação da existência do Todo como tal e de cada um considerado individualmente.

Pluralismo: a coabitação de várias lógicas e níveis de organização

Dos átomos e moléculas que constituem a célula ao cosmos inteiro, uma infinidade de sistemas se integram em um Todo coerente. Em relação ao conjunto, cada um deles constitui o que designamos como um nível de organização. Entretanto, ao contrário do relógio (no qual as mesmas leis da mecânica se reproduzem em todas as escalas), a passagem de um nível a outro é acompanhada de mudanças qualitativas nas quais surgem uma nova lógica e novas propriedades. Assim, da molécula à célula dá-se o salto fenomenal constituído pelo surgimento da vida; a formação do cérebro é acompanhada da manifestação não menos considerável do pensamento. Esse surgimento de propriedades ausentes dos níveis inferiores impede-nos de reduzir o Todo à soma de seus componentes: o interesse não está unicamente nos componentes, mas também no resultado de suas inter-relações. Cada nível de organização resulta da conjunção das funções de níveis ditos "inferiores" e, associado a outros, contribui para a produção de níveis ditos "superiores". Esses qualificativos de inferior e superior não têm qualquer conotação qualitativa ou hierárquica. Estamos, pelo contrário, no terreno da organização em redes. Cada nível tem suas finalidades próprias e contribui, em relação com os outros, para o bom funcionamento do Todo. Todos são igualmente indispensáveis: por exemplo, era por meio do desaparecimento dos pássaros que Rachel Carson anunciava em seu livro *Le Printemps Silencieux* as ameaças que pesam sobre o planeta.

A aplicação desse primeiro princípio leva-nos a sustentar a necessidade de uma economia plural, repousando nos diferentes tipos de funções assumidas no interior de todo sistema. Do indivíduo à nação e à coletividade internacional, o mundo econômico é formado por níveis de organização com finalidades diversas e funções diferentes: o indivíduo existe e seria um equívoco tentar ignorá-lo; mas, em sentido inverso, também estaríamos equivocados se quiséssemos conhecer apenas ele. A lógica que preside à construção de um equipamento coletivo, como uma represa, um hospital, um estabelecimento escolar ou uma via de comunicação, não se reduz à lógica dos interesses individuais: assim, as ferrovias, funcionando inicialmente com prejuízo, estimularam a criação de atividades que representam um gigantesco crescimento dos produtos nacionais. Se a rentabilidade de um equipamento coletivo não se expressa em curto prazo por meio da contabilidade da exploração da unidade produtiva dele incumbida, ela se realiza em longo prazo por seu impacto no produto nacional. Desse ponto de vista, sua dimensão ideal implica levar em conta atividades e necessidades ainda inexistentes, mas que serão suscitadas por sua presença. Ele deve, portanto, comportar, no momento de sua criação, um excedente de potencial opondo-se a sua rentabilidade imediata. O mercado, por sua vez, só contabiliza os impactos monetários de curto prazo que lhe dizem respeito. Em nome de que se pretende transformá-lo no grande regulador... daquilo que ele não sabe regular? O interesse geral não se reduz a uma simples adição de interesses individuais.

Desse ponto de vista, e sem entrar nos detalhes, podemos distinguir três tipos de atividades irredutíveis umas às outras:

— atividades cujos efeitos, afetando essencialmente os agentes individuais que as assumem (consumidores, comerciantes, artesãos, atividades de fracos efeitos externos...), não são de natureza a questionar as finalidades de níveis superiores, não havendo motivo para deixar de confiá-las à iniciativa privada;
— outras atividades que, por natureza (bens coletivos, saúde, cultura, educação, segurança...)

ou pela importância de seus efeitos para o conjunto da coletividade (finanças, banco, fabricação e venda de armas, nanotecnologias...), têm utilidade social, repercutem no interesse geral e devem ser assumidas, ou estreitamente controladas, pela coletividade pública. A saúde, a educação e a cultura não produzem coisas, mas seres. Tudo que diz respeito à utilidade social invade o campo dos valores. Em nome de que essas diferentes atividades deveriam ser subordinadas às leis da economia mercante?;
— finalmente, as atividades que dizem respeito ao interesse geral, mas cuja organização em nada ameaça o jogo da função de atividade coletiva. Trata-se de atividades de economia social, solidária ou associativa, podendo perfeitamente conjugar o interesse geral e a iniciativa privada. A experiência prova que, em termos de eficácia, elas nada deixam a desejar frente aos setores anteriores.

Esses três tipos de atividades não devem ser considerados isoladamente, mas em sua interdependência. Apesar dos dogmatismos, foi em sua cooperação, e não no reinado exclusivo de uma delas, que repousaram os grandes sucessos econômicos. Do que dão testemunho, nos Estados Unidos, o New Deal da década de 1930 e o Silicon Valley dos anos 1970; na França, o

Planejamento Flexível e os Trinta Gloriosos anos de crescimento econômico do pós-guerra; no Japão, o papel do Ministério do Comércio Internacional e da Indústria (MITI) no avanço tecnológico do último quarto do século passado.

Essa abordagem conduz, assim, a uma economia plural que requer coordenação.

Arbitragem: um vasto sistema circular de interdependências, do qual participam todos os seus componentes

A fábula[4] de La Fontaine — inspirada na de Esopo — conta-nos o que acontece quando cada membro pretende agir apenas no interesse próprio, ignorando o estômago: "Foi um erro de que se arrependeram." Se, da célula ao indivíduo e à biosfera, as finalidades de todos os subsistemas se articulam de maneira coerente, é porque, salvo patologia, suas condutas possíveis limitam-se exclusivamente àquelas em que não entravam o jogo das funções de níveis superiores dos quais participam. A finalidade funcional da reprodução do "Todo" leva a melhor sobre a dos subsistemas que o constituem; entretanto, como vimos anteriormente com Laborit, essa finalidade resulta,

---
4. *Les membres et l'estomac.*

por sua vez, da convergência de todas aquelas que compõem o conjunto dos níveis do sistema.

A primazia da finalidade funcional da reprodução do Todo sobre a das partes: primado do interesse geral sobre os interesses particulares

Se as regulações derivadas da lógica mercante comprometem as do meio natural, o desmoronamento desse acarretará fatalmente o do subsistema econômico. As normas de reprodução da espécie humana e do meio natural constituem, portanto, limitações a serem respeitadas pelo campo da otimização.

No plano socioeconômico, isso implica o primado da utilidade social sobre os interesses individuais. Por um lado, por motivos idênticos aos dos sistemas vivos (surgimento de propriedades novas quando nos elevamos nos níveis de organização), o Todo social não se limita à soma dos indivíduos que o compõem. Por outro lado, o célebre "paradoxo de Condorcet" mostra que as preferências individuais não determinam necessariamente a escolha social. Para simplificar, se três amigos hesitam entre passar a noite (a) no cinema, (b) no teatro ou (c) no concerto, pode ocorrer que a ordem de preferência de Pierre seja a›b›c, a de Paul, b›c›a e a de Jacques, c›a›b. Vemos assim que há uma maioria de dois contra um na preferência de "a" a "b", depois "b" a "c" e, no entanto, "c" a "a". Dos indivíduos aos grupos, as escolhas não são transitivas. A utilidade social de uma coletividade não pode, portanto, ser validamente definida a partir de um de seus subsistemas. É necessário recorrer a valores comuns que transcendam os dados puramente individuais do problema.

Isso diz respeito particularmente ao nosso mundo, no qual o subsistema financeiro acabou por impor a supremacia de sua lógica puramente instrumental — para além de toda finalidade humana ou política — ao conjunto do planeta. Ora, um mundo no qual a lógica do instrumento faz as vezes de finalidade caminha de ponta-cabeça e enlouquece. O sacrifício dos homens afirma-se como um meio de garantir "o bom andamento" do sistema produtivo, mas com que finalidade, se ele só sabe produzir a infelicidade daqueles a que deveria servir? Os exemplos são muitos: a precariedade do trabalho e dos salários — batizada de "flexibilidade" — transforma-se em receita de sucesso do sistema produtivo; não é mais o meio de comunicação que está a serviço do espetáculo, mas esse que, por meio dos índices de audiência, alimenta aquele de receitas publicitárias; o esporte, por todos identificado com a "saúde", explora, até a destruição, algumas marionetes transformadas em estrelas e, em vários países, a justiça investiga a quantidade preocupante de mortes suspeitas em determinadas disciplinas esportivas.

Quando o único critério de sucesso, justificando tudo, é o êxito financeiro, quando as referências éticas desapareceram, em nome de que seria possível regular a sociedade? Essa se decompõe e os cidadãos perdem a razão. Uns, entregando os pontos, buscam refúgio nos paraísos artificiais; outros revoltam-se e promovem quebradeiras pelo prazer de "quebrar" este mundo incompreensível que os exclui; e outros, ainda, vão buscar na falsa espiritualidade das seitas ou do integralismo substitutos duvidosos para os valores que a sociedade não produz mais. Ao mesmo tempo que as referências, também se apagam as linhas de demarcação entre economia "limpa" e economia "suja". Verdadeiras zonas de não direito, os paraísos fiscais permitem a empresas supostamente pertencentes à primeira economia contornar a lei fiscal para dela extrair vantagens de competição ou fraudar sua contabilidade, por intermédio de sociedades virtuais; eles são o lugar incontornável da lavagem de dinheiro dos tráficos ilegais; alimentam as linhas de financiamento do terrorismo... As operações da economia "limpa" beneficiam-se de mecanismos da economia "suja" e, reciprocamente, essa não poderia desenvolver-se sem a competência de homens da lei — respeitados, ainda que não respeitáveis — com negócio montado ou sem a "compreensão" de banqueiros pouco curiosos quanto à origem dos fundos que lhes são confiados. Estabelece-se entre as duas economias uma autêntica simbiose. Como diz o juiz Jean de Maillard,[5] elas não se desenvolvem uma contra a outra, mas uma pela outra, em simbiose. Na continuidade da crise dos *subprimes*, vemos hoje as instituições bancárias que foram salvas da catástrofe por uma injeção maciça de liquidez voltarem-se e especularem contra os Estados que ainda ontem se empenhavam em salvá-las.

É necessário recorrer a valores que transcendam o jogo dos interesses individuais. O primado da utilidade social implica a superioridade do político (que tem a ver com as finalidades e expressa o consenso social decorrente do concerto dos cidadãos) sobre o econômico, que tem a ver apenas com o nível dos meios financeiros. Mais uma vez, entramos no terreno das finalidades e dos valores comuns.

E, como os valores não podem ser demonstrados nem refutados, como ninguém pode arvorar-se em detentor de uma verdade única nesse terreno e devemos de uma maneira ou de outra viver juntos, não temos outra escolha senão nos exterminarmos ou nos entendermos quanto a um compromisso em forma de projeto social. Não poderia haver melhor argumento em favor da democracia.

---

5. Jean de Maillard, *Le marché fait sa loi*. Paris: Mille et Une Nuits, 2001.

O direcionamento de baixo para o alto e a repartição do poder por níveis de organização: o princípio de obrigação mínima

A primazia do Todo, não sendo contrabalançada, "constituiria o fundamento de um Estado totalitário no qual o indivíduo seria como uma célula insignificante de um organismo, um operário sem importância numa colmeia", declara o pai da teoria dos sistemas, Von Bertalanffy.[6] Mesmo no caso em que o poder representa a escolha da maioria, se nada limitar os poderes, as maiorias podem levar à opressão das minorias. Nos sistemas complexos autorreprodutores, dois fenômenos contrabalançam esse risco.

Como acabamos de ver, as partes contribuem para a reprodução e o funcionamento do Todo, tanto quanto esse contribui para a reprodução e o funcionamento das partes. Graças a essa circularidade das regulações de alto para baixo e de baixo para o alto, o Todo não é um vértice de onde descem ordens, mas o sistema inteiro é constituído pelo conjunto de seus componentes.

Além disso, a repartição do poder decisório se dá de acordo com um princípio que qualificaremos de "obrigação mínima". Centralização e descentralização não são antagônicas, mas complementares. A

---

[6]. Ludwig von Bertalanffy, *Théorie générale des systèmes* (trad. Jean Benoît Chabrol). Paris: Dunod, 1972.

descentralização de um sistema (nação ou empresa) só é possível, sem desarticulação, na medida em que o centro controla a informação e o poder de impulsão indispensáveis à evolução coerente do conjunto. E, reciprocamente, a centralização que se opera sem descongestão do centro para a periferia defronta-se com os riscos do peso e da ineficácia, ao fim dos quais se perfila o desmoronamento do sistema. A União Soviética é um exemplo disso. O princípio parece ser que toda decisão deve ser tomada "no" e "pelo" nível de organização no qual ela desenvolve suas consequências; "mais" ou "menos" são igualmente nefastos: aquele comporta obrigações e limitações inúteis e esse não pode — como acabamos de ver — cumprir as finalidades de um nível que lhe seja superior. Nos sistemas autorreprodutores, cada nível de organização recebe — e envia — unicamente a quantidade de informação necessária para o bom andamento do sistema. A limitação que se manifesta em cada um desses níveis sempre corresponde, assim, ao estrito mínimo indispensável.

Esse princípio deveria inspirar a repartição das responsabilidades nas nações, entre as nações, entre os agrupamentos de nações e no seio da comunidade mundial, da qual até hoje a Assembleia Geral das Nações Unidas é o único representante legítimo. Para permanecermos nesse nível de coordenação, deveriam ser da sua competência — sob diferentes formas institucionais — todos os problemas cruciais que não possam ser resolvidos fora dela: controle e domínio dos poderes financeiros mundiais que impõem sua lei, passando por cima da soberania das nações; atentados globais contra a biosfera; ajuda ao desenvolvimento dos povos economicamente atrasados; segurança mundial; gestão dos "bens comuns da humanidade": ar, água, clima, genoma, conhecimentos, culturas ("patrimônio da humanidade", segundo Pasteur), que, por essência, pertencem a todos. Em nome de que imperativo humano deveriam ser submetidos às regulações da apropriação privada e da regulação mercante? Certamente que tudo isso não poderia ser feito de um dia para outro, mas parece ser esse o objetivo para o qual conviria convergir progressivamente.

Acrescentemos que um mesmo problema pode afetar vários níveis, em função do alcance dos efeitos que tende a gerar. Assim, em matéria de meio ambiente, os fenômenos globais (efeito estufa, problemas ligados à água, redução da biodiversidade, pandemias...) impõem o entendimento internacional; a definição das normas de qualidade dos elementos e meios numa nação é da esfera da autoridade governamental e as normas de emissão que permitam respeitá-las só podem — considerando-se a grande variedade de condições locais — depender das autoridades regionais ou locais.

Não se trata, portanto, de acumular camadas de supranacionalidade umas sobre as outras, afastando cada vez mais o poder político dos cidadãos, mas de distribuir funções. Estamos mais próximos do federalismo do que de uma espécie de jacobinismo mundial. A comunidade local e a nação existem. São fruto da História. Devem continuar sendo lugares de vida e decisão. Mas hoje os meios de comunicação transformam o mundo num espaço em que tudo é vivido em tempo real. Surgem problemas vitais no nível da comunidade internacional. Convém criar as estruturas e organizar as funções que permitam administrá-los conjunta e solidariamente. O permanente entendimento entre os chefes de Estado em instituições como o G20, embora represente um incontestável progresso nesse sentido,[7] ainda se situa no terreno do confronto dos interesses nacionais. Devemos delegar a organizações mundiais nossas partes de soberania relativas a problemas planetários.

Se o interesse social não é a simples soma de interesses individuais, o interesse da humanidade não se reduz a uma soma de interesses nacionais. Deve-se expressar por meio de instituições específicas.

---

[7]. Ainda ontem eram enviados telegramas que provocavam guerras. Hoje, os dirigentes se encontram para se entender.

Década de 1980: o desmantelamento da governança mundial

Bernard Miyet

Enquanto o planeta inteiro continua descobrindo, aparentemente estupefato, a amplitude e a permanência da crise financeira na qual o mundo ocidental mergulhou, é essencial questionar-se sobre as causas fundamentais dessa derrocada. É verdade que banqueiros e especuladores estão sendo apontados como bodes expiatórios, fáceis de oferecer à vendeta da opinião pública, de tal maneira suas responsabilidades são evidentes, mas essa denúncia, sem sombra de dúvida, representa um oportuno pretexto para que hábeis procuradores evitem fazer sua autocrítica.

A visão friedmaniana da economia, fruto das especulações da Escola de Chicago, impôs-se em menos de uma década e se traduziu numa fenomenal criação de "falsa moeda", de tal maneira estava desvinculada da economia real. Com a introdução e depois a generalização do uso de robôs algorítmicos, assistimos à aceleração e ampliação dos fenômenos especulativos tão propícios à criação de bolhas especulativas nocivas a um desenvolvimento econômico sadio e estável. Mas esse procedimento era tão favorável à explosão de bônus injustificados, que o chamariz do ganho fácil e imediato levou ao esquecimento de toda prudência e, mais ainda, de toda ética.

Assim sendo, essa derrocada também tem origem nas escolhas dos governos que organizaram de maneira deliberada e metódica o desmantelamento dos principais instrumentos jurídicos ou a marginalização dos organismos multilaterais que tinham vocação para regular os mercados. Essa política tornou-se sistemática com a concomitante chegada ao poder de Ronald Reagan nos Estados Unidos e Margareth Thatcher no Reino Unido.

Nada, nem ninguém, resistiu a esse movimento, e todos os setores da ação internacional foram atingidos por essa onda neoliberal, acompanhada com fervor pelos dirigentes políticos (cuja ignorância em matéria econômica era patente). Essa *doxa* arrastou tudo à sua passagem, enquadrando como ignorantes ou intelectualmente atrasados todos aqueles que a contestavam. Especialistas e economistas, cuja arrogância e temeridade iam de par com sua cegueira ideológica, articularam o "novo" credo.

Para cúmulo da desgraça, ele foi veiculado por meios de comunicação complacentes e cúmplices.

Assim foi que assistimos, incrédulos ou impotentes, ao controle cada vez mais forte das finanças, tendo como consequência a criação incessante de novos instrumentos financeiros, cada vez mais opacos e arriscados, e o acúmulo de cobranças parasitas para cada operação de empréstimo, a exemplo dos *subprimes*. Essa predação foi alimentada, além disso, pela incrível espiral de desresponsabilização que resultou do recurso generalizado aos seguros, no fim das contas tão ilusório quanto oneroso.

Essa política de diluição do risco encontrou sua mais evidente ilustração na "titularização" dos créditos imobiliários e nos CDS (*credit default swaps*), levando ao encarecimento do custo do crédito com o único objetivo de proteger credores privados contra riscos incalculáveis e imprudentes. Esse tipo de cobertura fora inicialmente concebido para aplainar a instabilidade dos preços das matérias-primas e das divisas. No fim das contas, o Estado, e, portanto, o contribuinte, é que foi infelizmente chamado a pagar a fatura em caso de falta de pagamento.

Internacionalmente reverenciado até a falência do banco Lehman Brothers, Alan Greenspan, que foi um dos grandes coordenadores dessa brilhante teoria, não teve mais outra escapatória senão reconhecer, contrito, que estava completamente enganado. E pensar que esse "mestre" dirigiu durante 19 anos a principal instituição financeira mundial, o Federal Reserve Bank (banco central americano), com a bênção de uma classe política e de uma imprensa internacional subjugadas...

Por trás da agitação de nossos governantes, outras forças detinham, na realidade, o poder intelectual e econômico, manipulando homens e forças políticas em função de seus interesses financeiros de curto prazo. Banqueiros, financistas de todo tipo, gerentes e acionistas de empresas multinacionais conseguiram fazer com que o planeta girasse em torno de um objetivo prioritário: aumentar seu poder e maximizar seus lucros imediatos, sem verdadeira preocupação com o futuro das empresas ou com a situação dos assalariados, considerados uma simples variante de ajuste financeiro. Como fazer *deals* tornou-se a curtíssimo prazo tão mais lucrativo do que criar produtos, quem haveria de preferir a indústria à finança?

Esse movimento beneficiou-se oportunamente da queda do Muro de Berlim e de uma onda ideológica neoliberal que parecia legitimada pelo conceito de "fim da história", formulado por Francis Fukuyama. Os novos dirigentes dos países da Europa Oriental abraçaram esse credo com ardor de neófitos. Foram apoiados pelos "novos bilionários", que enriqueceram em tempo recorde graças às privatizações de conveniência, à distribuição dos recursos naturais locais e à exploração da mão de obra nacional.

A cumplicidade intelectual e a convergência de interesses entre meios de negócios e proprietários dos meios de comunicação dominantes ajudam a entender o que se seguiu. Nesse sentido, reler os artigos e editoriais dos órgãos de imprensa mais influentes nos terrenos econômico e financeiro é um exercício no mínimo esclarecedor. Nenhum deles se lembrou do que dizia Keynes em sua lendária *Teoria geral do emprego, dos juros e da moeda*, de 1936: "Quando o desenvolvimento do capital de um país torna-se um subproduto das atividades de um cassino, o trabalho corre o risco de ser malfeito."

As regras do jogo que foram definidas eram simples e não foram contestadas: liberação generalizada das trocas, questionamento de todas as regulamentações por natureza antieconômicas, total liberdade de movimentos dos capitais, respeito absoluto ao dogma da concorrência, enquadramento ou banimento das instâncias internacionais "superadas, incompetentes e apóstatas".

Essa doutrina impôs-se em toda parte com uma rapidez e uma eficácia terríveis. Nos fim das contas, aqueles que, em nosso país, ainda recentemente se mostravam incansáveis advogados desse dogma, clamando a legitimidade de todo êxito financeiro, assegurando o bom fundamento dos *subprimes* ou apresentando como exemplo a carreira dos jovens *traders* exilados em Londres ou Nova York, são hoje os primeiros a vilipendiar esses "predadores" e a pretender tudo regulamentar daqui para a frente!

A marginalização programada do sistema da ONU

Diante do desenvolvimento da globalização econômica e da aspiração dos países do Sul de se beneficiarem dos frutos de um desenvolvimento equilibrado e controlado, a ONU adotou, na Assembleia Geral Extraordinária de 1974, uma carta relativa a uma nova ordem econômica internacional. Dando prosseguimento a essa recomendação, a segunda comissão, os órgãos subsidiários (Conselho Econômico e Social, Conferência das Nações Unidas sobre Comércio e Desenvolvimento [Unctad]) e as instituições especializadas (Organização das Nações Unidas para o Desenvolvimento Industrial [Onudi]) deram início a negociações abarcando um amplo espectro, com o objetivo de encontrar soluções para os diversos problemas econômicos e financeiros com que se defrontava a comunidade internacional.

Para deixar a máquina da ONU em condições de enfrentar esses desafios de maneira global e coordenada, projetos de reformas institucionais foram apresentados várias vezes aos Estados-membros. Todas

DÉCADA DE 1980: O DESMANTELAMENTO...

as tentativas de reorganização racional fracassaram, pois cada vez mais os países ricos não se mostravam interessados em compartilhar o poder. Salvaguardas ou medidas de isenção sempre eram encontradas para preservar a dominação das principais potências ocidentais, especialmente os Estados Unidos.

Considerando a ONU contaminada pela ideologia terceiro-mundista, os países da Organização para a Cooperação e Desenvolvimento Econômico (OCDE) empreenderam uma ofensiva para marginalizar a Unctad e reduzir a influência de certos pensado res do Sul (Raúl Prebisch, Manuel Pérez-Guerrero, Gamani Correa), considerada excessiva e nefasta. No momento em que a necessidade de uma governança mundial democrática parecia evidente, a ascensão do movimento dos não alinhados e as reivindicações apresentadas pelo grupo dos 77 em matéria econômica e social logo se transformaram em espantalhos para o mundo ocidental.

A organização do "Diálogo Norte-Sul", por iniciativa do presidente da França, Valéry Giscard d'Estaing — cujo objetivo certamente era louvável —, teve como consequência, pretendida ou não, deslegitimar a organização universal como fórum de debate desses problemas.

Quando assumi minhas funções no Ministério de Relações Exteriores em 1976, esse "Diálogo Norte-Sul" jogava suas últimas fichas sem produzir grande resultado, ao passo que a Unctad começava a preparar sua quinta Grande Conferência, que ocorreria em Manila em maio de 1979.

A ambição inicial desse órgão subsidiário das Nações Unidas era nobre e legítima: encontrar os caminhos e os meios de resolver a questão do subdesenvolvimento, atacando suas causas. Esse objetivo era então compartilhado pelo sistema da ONU em seu conjunto: os diversos órgãos e instituições eram envolvidos em negociações cobrindo todo o espectro das atividades econômicas e sociais, como que fazendo eco à intuição de Edgar Morin sobre a necessidade de levar em conta os problemas de nossas sociedades em toda a sua complexidade.

Em Nova York, os Estados-membros da ONU consideraram indispensável questionar o papel das empresas multinacionais e estabelecer seus direitos e suas obrigações no contexto de um Código de Conduta Internacional. Pois não era lógico e necessário determinar os limites da ação dessas empresas perante os Estados nos quais operavam, já que o mundo tornava-se cada vez mais interdependente?

Em 1979, tive o privilégio de ser nomeado para a Missão Permanente da França junto ao Escritório das Nações Unidas e das Organizações Internacionais em Genebra, sob o comando benevolente e estimulante de um embaixador fora do comum, Stéphane Hessel. Tive a honra de participar da elaboração de dois outros projetos de Código de Conduta Internacional. O primeiro dizia respeito à transferência de tecnologia e o segundo, às práticas comerciais restritivas (direito da concorrência). Pois não era, mais uma vez, plenamente legítimo e oportuno pretender regular o processo de globalização em curso?

Um "programa integrado para os produtos de base" foi igualmente concebido, para encontrar soluções para o espinhoso problema da evolução instável dos preços das matérias-primas, causa fundamental dos desequilíbrios orçamentários e do endividamento de muitos países subdesenvolvidos. Esse programa consistia numa rede de acordos internacionais (cacau, banana, trigo, café, chá, azeite de oliva, açúcar, algodão, madeiras tropicais, juta, cobre, estanho, manganês etc.) que ficariam sob a proteção de um fundo comum de estabilização dos preços das matérias-primas, para garantir o equilíbrio do conjunto a longo prazo. Esse fundo finalmente foi criado graças ao talento de diplomatas experientes, entre eles Stéphane Hessel.

As reflexões também se estendiam aos transportes marítimos, aos problemas específicos enfrentados pelos chamados "PMA" (países menos avançados) ou à questão decisiva do endividamento dos países em desenvolvimento.

Não era, portanto, a falta de reflexão ou de consideração sobre questões fundamentais com que se defrontava um mundo em vias de globalização que representava um problema para os países ocidentais. Na realidade, os países ricos não toleravam que essas discussões sobre temas tão sensíveis para os interesses das empresas multinacionais, de seus acionistas ou da finança internacional se dessem no contexto da ONU. Logo lhes pareceu necessário romper esse círculo vicioso, provocando a desestabilização das instâncias da ONU e o bloqueio dessas negociações, antes que representassem uma ameaça ao seu poder.

Para completar, cabe acrescentar que algumas instituições, muito bem escolhidas, foram poupadas na galáxia internacional, desde que atendessem às expectativas, quando não às ordens, dos "poderosos" deste mundo. Trata-se das instituições por eles controladas sem contestação, como o Fundo Monetário Internacional (FMI) ou o Acordo Geral de Tarifas e Comércio (Gatt), aos quais devemos acrescentar o Banco Mundial, o Programa das Nações Unidas para o Desenvolvimento (Pnud), o Fundo das Nações Unidas para a Infância (Unicef) e o Programa Alimentar Mundial (PAM), desde o início dirigidos por uma personalidade escolhida pela administração americana.

Nessas instituições é que foram recentrados e confinados os dossiês que os países ocidentais queriam que avançassem; nelas é que foram elaboradas as medidas que desejavam ver adotadas.

Quando o intervencionismo das Nações Unidas e o caráter "incontrolável" da Unctad tornaram-se insuportáveis para os adeptos do liberalismo radical, tornou-se imperativo excluí-la do jogo e privilegiar um Gatt mais acomodatício, até transformá-lo em Organização Mundial do Comércio em 1994. O Gatt foi o artesão da abertura das fronteiras e da redução dos obstáculos tarifários e dos direitos alfandegários dos países do Sul em benefício dos bens e produtos das empresas do Norte, com exceção da produção agrícola.

Foi esse o objetivo seguido por essa instituição durante várias décadas, até que os desequilíbrios comerciais gerados pelas realocações de setores industriais inteiros voltassem em bumerangue. Sua glória durou até que a ascensão do BRICS,[1] que já agora ameaça os equilíbrios econômicos e sociais dos países ricos, esfriasse seu entusiasmo inicial. Desde 1994, a instituição de Genebra não tem mais o que fazer.

Pegando o bastão dos arquitetos dessa política, a Comissão Europeia fez-se promotora entusiástica dessa liberação comercial, na medida em que tinha todo o interesse em privilegiar essa instância na qual desempenha o papel principal, por sua competência exclusiva em matéria comercial.

Assim é que o destino da Unctad e dos outros órgãos econômicos das Nações Unidas foi selado desde o

---

1. Grupo formado por Brasil, Rússia, Índia, China e África do Sul.

início da década de 1980. As diferentes discussões sobre a regulação dos diversos mercados foram bloqueadas *sine die* sob a pressão dos governos dos grandes países ocidentais. Para eles, os "desvios" intervencionistas de viam acabar, só o mercado estando habilitado a decidir sobre o bem e o mal. Nada mais podia entravar o curso da desregulação, único caminho possível para o bem da humanidade... ou de seus interesses a curto prazo!

Essa escolha traduziu-se numa degradação considerável da cooperação internacional e em resultados catastróficos: repetidas crises financeiras, desequilíbrios comerciais ligados a uma desindustrialização selvagem, degradação acelerada do meio ambiente, fluxos migratórios descontrolados, dívidas públicas e privadas desenfreadas, esgotamento e pressão sobre os preços das matérias-primas e dos produtos de base, formação de monopólios e oligopólios escapando a qualquer verdadeiro controle mundial.

A sensação de aumento de desigualdades, como a pauperização das classes médias, difundiu-se amplamente no mundo ocidental, podendo avivar as tensões sociais em nossas sociedades.

Como a ONU devia ser marginalizada a pretexto do seu imobilismo e de seu pretenso irrealismo, era preciso, apesar de tudo, dar a sensação e logo também a ilusão de que era substituída por um novo contexto de cooperação internacional, mais responsável e eficiente. Como o clube fechado e seleto da OCDE era muito grande e tipificado, foram criadas novas instâncias limitadas ao círculo estreito dos líderes "competentes e razoáveis". Esses "senhores do mundo" reuniram-se num G5, ampliado para G7/G8, até se verem obrigados a abrir as portas para os dirigentes de países emergentes incontornáveis, transformando-se em G20. Essa escolha imposta resulta ao mesmo tempo da ausência de resultados dessas reuniões e de sua natureza evidentemente antidemocrática.

O impressionante desperdício de meios mobilizados para organizar reuniões de cúpula — muitas vezes planejadas pela potência anfitriã para valorizar sua imagem nacional — parece inversamente proporcional à importância das decisões tomadas, como deixa claro a vacuidade dos comunicados finais. Seja como for, a simples realização dessas reuniões serviu de pretexto para justificar a suspensão dos trabalhos das instituições internacionais consideradas inertes e inconsequentes, muito embora tivessem sido deliberadamente privadas das condições de desempenhar seu papel.

De volta em 1991 para dirigir a Missão Permanente da França junto ao Escritório das Nações Unidas em Genebra, não pude deixar de constatar a defasagem entre os sonhos de uma comunidade internacional que queria agir sobre as causas do subdesenvolvimento dez anos antes e as ambições apequenadas de diplomatas reduzidos a enfrentar as consequências nefastas de uma década perdida (crises humanitárias, migrações descontroladas, conflitos étnicos, crises financeiras, degradação do meio ambiente). Que desafios novos não teríamos de enfrentar, mas que gosto amargo não sentíamos diante daquele estrago!

O que foi, apesar de tudo, uma bênção para uma imprensa ávida de catástrofes que vendem papel ou imagens. Os jornalistas fizeram questão de destacar a ação das ONGs humanitárias ocidentais como antídoto à nossa consciência pesada. Os assuntos levados às primeiras páginas dos jornais eram escolhidos exclusivamente à luz das preocupações da opinião pública americana e europeia (crises humanitárias, conflitos étnicos, degradação do meio ambiente, fenômenos migratórios). Em compensação, o debate sobre o desenvolvimento dos países do Sul era relegado às páginas internas, quando não simplesmente esquecido.

Quero aqui sublinhar, de passagem, o espanto e às vezes mesmo a indignação causados por esses artigos e editoriais publicados na véspera de cada reunião importante do Conselho de Segurança pelos jornais emblemáticos da imprensa dos Estados Unidos, para apoiar, de maneira consciente ou inconsciente, os objetivos da administração americana durante as crises iugoslava e iraquiana, sendo o caso das armas de destruição em massa apenas a manifestação mais visível disso.

A finança enlouquecida e descontrolada

Como acabo de indicar, o papel do FMI foi preservado pelas principais potências econômicas ocidentais, mas se viu confinado a uma tarefa essencial, se não única: impor brutais políticas de ajuste estrutural aos países "inconsequentes" do Sul.

Como prova disso, basta lembrar que os governos americano e britânico constantemente preconizavam nesse mesmo período a liberação total dos movimentos de capitais, mas ao mesmo tempo tomando o cuidado de afastar a menor intervenção de qualquer instituição internacional nos mercados financeiros. E terá sido por mero acaso que o projeto de emenda do estatuto do FMI, apresentado aos Estados-membros em meados da década de 1990 para reforçar seu papel de fiscalização, foi rejeitado pelo Congresso americano, valendo-se da crise financeira asiática de 1997 como pretexto?

Arrastados pela onda neoliberal, os países europeus e a Comissão Europeia deram mostra de zelo incondicional em favor da adoção de um Código de Liberalização dos Movimentos de Capitais em 1989 no contexto da OCDE, tendo nesse mesmo movimento votado a Diretiva Europeia de 24 de junho de 1988 relativa ao mesmo tema. Esta última iniciativa é fruto de um acordo entre a França, que desejava a concretização da União Monetária, e a então República Federal da Alemanha (RFA), ou Alemanha Ocidental, que em troca exigia essa liberdade de movimentos de capitais.

Com base nesses dois instrumentos jurídicos, as comportas foram escancaradas, até para os movimentos financeiros de curto prazo, não raro especulativos, embora isso fosse de encontro às regras estabelecidas em Bretton Woods e à doutrina do FMI.

A consagração dessa política tem sua ilustração mais flagrante quando o governo Clinton revoga em 1999 o emblemático Glass-Steagall Act de 1933, que determinava a separação das atividades bancárias de depósitos e investimentos. Diante de semelhante cegueira e inconsequência, como não nos questionarmos sobre o eventual vínculo de causalidade entre essas decisões políticas e o universo de onde procedem (ou para o qual retornam) os assessores econômicos dos presidentes americanos, tanto democratas quanto republicanos?

Os dirigentes franceses aparentemente alimentaram na época a esperança, tão ilusória, de fazer com que essa política de liberação dos movimentos de capitais fosse enquadrada pelo FMI, o que deixava de levar em conta o fato de que Washington nunca aceitou a ideia de uma transferência de poder para uma "burocracia internacional". Para o governo americano, são concebíveis apenas a ação unilateral e a abordagem bilateral na regulamentação financeira e nos acordos comerciais.

Recusada qualquer ingerência de uma organização intergovernamental no mundo da finança que reina absoluto em Londres e Nova York, era preciso, no entanto, demonstrar que havia um árbitro imparcial e competente... desde que fizesse parte da família.

Assim, mesmo incorrendo numa mistura de gêneros, esse papel foi confiado a agências de notação privadas "confiáveis" (S&P, Moody's, Fitch), transformadas em juízes sem que fossem juridicamente responsáveis por seus atos. Com efeito, acaso se sabe que essas empresas obedecem ao regime jurídico dos meios de comunicação e que, em consequência, seus *pronunciamientos* são considerados como simples informações? Assim protegidas pela Primeira Emenda, essas agências invulneráveis podem agir com toda impunidade, como aconteceu no caso da notação dos títulos *podres* acumulados sobre as *subprimes* ou no do banco Lehman Brothers. Quem lhes conferiu todo esse poder, senão aqueles mesmos que denunciam hoje esse desvio... sem ter até hoje tomado qualquer iniciativa digna de crédito para mudar tal estado de coisas?

Os sucessores de Reagan e Thatcher mostraram-se constantes em sua recusa de qualquer intervenção multilateral em matéria financeira. Apesar de algumas afirmações peremptórias ou disposições nacionais para resolver o problema, a história balbucia. Sabendo que são as leis do Reino Unido e do Estado de Nova York que em grande medida regem os mercados primário (obrigações de Estado) e secundário (CDS, compra de obrigações estatais por fundos-abutre...), temos fortes motivos para pensar que os governos americano e britânico tudo farão para preservar seu papel regulador e bloquear qualquer iniciativa multilateral capaz de fragilizar as praças de Wall Street e da City.

Barack Obama continuará regulando Wall Street segundo suas próprias condições e David Cameron nem quer ouvir falar de interferência europeia, como acaba de provar sua recente recusa de um novo tratado europeu. Essa estratégia favorável aos interesses do mundo da finança e das praças financeiras de Nova York e Londres tão cedo não será modificada ou abandonada.

E que dizer das solenes declarações de intenção sobre a erradicação dos paraísos fiscais, quando sabemos que os principais foram criados ou tolerados pelos países ocidentais mais ricos, especialmente para proporcionar vantagens corporativas a suas próprias empresas multinacionais?

Quem vai pagar a conta?

A livre movimentação de capitais e a maximização dos rendimentos levaram os gerentes e financistas a buscar a rentabilidade máxima a curto prazo, o que acarretou em nossos países uma terrível "quebradeira" industrial e, em consequência, social.

Os fundos de pensão, dirigidos por financistas essencialmente motivados por seus bônus de fim de ano, participaram sem o menor problema de consciência do sacrifício de assalariados de grandes empresas, favorecendo demissões e realocações de setores inteiros da indústria, se necessário, até investindo em empresas que não respeitam qualquer norma social ou ambiental.

A emissão descontrolada de moeda traduz-se hoje numa inacreditável circulação de dólares essencialmente desvinculada da produção de bens e produtos reais e na repetição de bolhas especulativas. Explica também uma explosão dos preços imobiliários particularmente favorável a essa geração de proprietários, que considera natural que seu capital aumente 10% ao ano. Ao mesmo tempo, seus filhos enfrentam mais o desemprego, a precariedade, a estagnação das rendas salariais e, em consequência, um aumento de suas dificuldades habitacionais.

O mal, infelizmente, está feito, e o preço a pagar será pesado e duradouro, especialmente para as classes médias, que não têm condições de dissimular suas rendas. Já o será muito menos, certamente, para os patrões e acionistas de empresas industriais ou financeiras multinacionais, que há muito internacionalizaram seus capitais, maximizaram seus ganhos e dissimularam seus lucros em empresas de fachada ou paraísos fiscais, deixando impotentes os dirigentes políticos nacionais.

Acaso poderemos contar com os dirigentes políticos atuais para mudar esse estado de coisas, quando vemos que alguns de seus antecessores, e dos mais importantes, tanto americanos quanto europeus, trataram ao fim de seus mandatos de se reciclar em conselhos de administração de empresas multinacionais agradecidas ou de participar de prestigiosas conferências para fazer exposições complacentes, redigidas por assessores e remuneradas com dezenas de milhares de dólares?

Os dirigentes políticos atuais são hoje vítimas de uma situação que eles mesmos criaram e que os esmaga. Para tentar encobrir sua impotência, alguns encontram novos bodes expiatórios a serem sacrificados diante da opinião pública, sejam eles imigrantes, assistidos ou "fraudadores" da Previdência Social. Naturalmente, é mais fácil encontrar e condenar alguns pequenos culpados envolvendo algumas centenas de euros do que restabelecer a ordem na finança mundial.

É necessário restabelecer, o mais rapidamente possível, um autêntico diálogo e enfrentar os problemas que se apresentam à comunidade internacional num contexto universal democrático e renovado.

A ONU continua sendo a única instituição que tem essa legitimidade, apesar de suas fraquezas. É lamentável que nossos líderes ainda não se tenham imbuído da necessidade de lhe devolver um papel à sua altura. É urgente, com efeito, reiniciar negociações indispensáveis nesse contexto, em vez de organizar episódicas reuniões de cúpula restritas, onerosas e inúteis.

Não podemos mais continuar reagindo episodicamente, sem visão estratégica de conjunto, ou simplesmente tentando tapar, nas reiteradas crises, as brechas de um sistema econômico e financeiro enlouquecido. Chegou a hora de dar mostra de coragem, ambição e solidariedade.

Em busca de uma governança mundial

Michel Rocard

Hoje, a humanidade está em perigo. Sua sobrevivência nas próximas gerações é ameaçada por problemas de diferentes ordens: destruição programada do nicho ecológico; aumento generalizado de uma violência civil que escapa a todo controle; crescente rarefação da água potável; crise do produtivismo agrícola; manipulações genéticas potencialmente perigosas para nossa alimentação ou para a própria espécie humana; surgimento vigoroso de uma mutação informática que abala todas as formas de organização, estrutura e autoridade nas sociedades humanas; crescente redução das relações humanas ao que é monetariamente quantificável e potencialmente gerador de lucro.

A falta de cultura e de consciência da esmagadora maioria dos dirigentes políticos, jornalistas e comentaristas é responsável pela quase ausência desses temas nos debates políticos atuais. Cabe notar também a ausência ainda mais evidente de qualquer alavanca institucional satisfatória para provocar ou tomar decisões. O poder global, corporificado nas Nações Unidas, é paralisado pelo veto no Conselho de Segurança e pela fragmentação das vozes na Assembleia Geral. Em escala mundial — a única pertinente em nossos dias —, os únicos poderes parciais que de fato dispõem de algum poder (o FMI, o Banco Mundial, a OMC) mantêm e defendem o modelo produtivo hoje em crise, em vez de provocar e contribuir para sua evolução. A realidade do poder de ditar normas continua nas mãos dos Estados-nação, atualmente 193 na ONU. Cada um é senhor em sua casa, da maior potência mundial ao mais modesto Estado. Isso representa o maior entrave à luta contra a criminalidade internacional e a lavagem de dinheiro mafioso. Se o sonho de ver o mundo dotar-se a curto prazo de regras de governança aceitas e sancionadas parece fora de alcance, uma outra esperança já se nos afigura mais provável. Podemos ter a expectativa de que um certo número de problemas setoriais seja resolvido graças a acordos e tratados específicos, estabelecendo cada um deles seu próprio dispositivo de fiscalização e sanção. Assim, o Tratado sobre a Não Proliferação de Armas Nucleares criou meios de fiscalização que permitem recorrer a sanções, indo da recusa de fornecimento e cooperação até a convocação do Conselho de Segurança. Todavia, raros são os dispositivos internacionais dotados de um aparelho coercitivo desse alcance.

Em tais condições, a busca de uma governança mundial mais eficaz exige uma ação contínua em duas direções. A primeira é a negociação e adoção de tratados ou convenções estabelecendo sistemas de fiscalização e intervenção dotados de dispositivos de sanção. É o que está em jogo nas "negociações climáticas" posteriores às conferências de Kyoto, Copenhague, Cancún e Durban; nos trabalhos do politólogo e economista italiano Ricardo Petrella tendentes a um "contrato mundial da água". Era também o que estava em questão, apesar do posterior esquecimento, em duas declarações dos presidentes Obama e Dmitry Medvedev, da Rússia, manifestando a esperança de um mundo livre de armas nucleares. Em todos esses terrenos, que são numerosos, é necessário adiantar-se às chancelarias, contribuindo para o progresso da análise de dados, o esboço de medidas possíveis, a avaliação dos interesses em jogo e a proposta de elementos de possíveis acordos jurídicos.

A outra direção a ser tomada por nossa ação, da qual não podemos escapar, é a tomada de consciência, pela opinião mundial, da importância dessas questões, *via* disponibilização dos elementos existentes de expertise. Livros, artigos, comentários sobre acontecimentos diversos como conflitos, acidentes ecológicos, crises financeiras, resultados de pesquisas científicas ou epidemias, intervenções de dirigentes políticos: tudo isso deve atrair a atenção dos governos, parlamentares, jornalistas e, enfim, de toda a opinião pública.

O debate público e a cultura de base da opinião devem evoluir em várias direções, para sair da esfera da simplicidade dramatizante e do imediatismo nos quais são confinados pelos meios de comunicação em suas atuais práticas.

A primeira dessas direções — sem dúvida a mais fundamental — é o *senso da duração*. Só é possível entender os riscos ecológicos raciocinando em termos de meio século. A isso soma-se o *senso da complexidade*. Na subcultura contemporânea, todo drama deve ter um culpado: procura-se então uma causa única e muitas vezes até um bode expiatório. Acontece que os dramas ecológicos, epidemiológicos e até os conflitos são produto de sistemas complexos nos quais interagem múltiplos acontecimentos, e não faz sentido pretender compreender o que acontece se eles não são apreendidos em seu conjunto. A única verdadeira cultura é a da complexidade, e é isso que o discurso político deveria levar em conta. A terceira direção essencial é o *senso do global*. Se ela pode ser facilmente entendida, pois é evidente que nem a poluição nem as epidemias conhecem fronteiras, ou que qualquer conflito pressupõe uma alimentação de armas fornecidas do exterior, a dificuldade aqui decorre quase exclusivamente do sistema de comunicação de massa, pois a relação com sua clientela é amplamente baseada no efeito de proximidade. Finalmente, a última direção é o *senso da progressividade*, que se aparenta à duração, mas a ela não se limita. Ele não implica apenas o tempo, mas a ausência de ruptura brutal. Em outras palavras, a boa governança não se limita a boas regras, exigindo também boas práticas e boas rotinas. No século XIX e em uma parte do século XX, o essencial da crítica política alimentava esperanças revolucionárias. Acontece que hoje não só os Estados apertaram fortemente o torniquete e a distribuição de armas não permite mais alimentar tais sonhos como, além disso, a humanidade contemporânea descobre que o balanço de tais aventuras é quase sempre cruelmente negativo: Vietnã, Cuba, Argélia etc. Entretanto, em resposta às disfunções do planeta, surge uma nova militância, a das ONGs. Amplamente impregnadas dessa constatação, suas ações visam precisamente a medidas concretas capazes de contribuir para a evolução do sistema, em vez de contemplar uma improvável derrubada do sistema. O mais belo exemplo é a Convenção Mundial de Proibição das Minas Terrestres, adotada em Ottawa em 1997, em grande medida sob pressão das ONGs. Essa cultura infelizmente não é a cultura da maioria das novas gerações militantes, com demasiada frequência entravadas por um radicalismo estéril ou uma visão estreitamente nacional, para não falar da violência destruidora de que às vezes são capazes.

Se as grandes potências quase sempre conseguem impedir o contágio regional dos conflitos e evitar que vitórias locais excessivas alterem os equilíbrios estratégicos (Coreia, Irã-Iraque, Índia-Paquistão antes da arma nuclear, Israel-Estados árabes, Equador-Peru e até as Malvinas), o quase desaparecimento das guerras internacionais clássicas é perigosamente acompanhado de uma recrudescência da violência descontrolada. Se o campo das guerras assimétricas parece ter-se reduzido desde as vitórias de Cuba, da Argélia, do Vietnã e do Afeganistão, o dos conflitos de identidade ou simplesmente étnicos não para de se ampliar. Além disso, ocorre contágio entre os conflitos comportando uma dimensão política ou social e a grande criminalidade organizada. Estima-se que o volume de negócios desta esteja em torno de 8% ou 9% do produto bruto mundial (cerca de duas vezes o da França). Os traficantes muitas vezes acumulam atividades ligadas às drogas e às armas e o dinheiro da droga, não raro, serve de apoio à organização de bandos delinquentes nas grandes cidades.

Quero aqui formular a hipótese de que por trás dessas violências tão diferentes, da Irlanda do Norte aos bandos de Los Angeles, passando pela antiga

Iugoslávia, o Sri Lanka e a Chechênia, sem esquecer o genocídio em Ruanda nem os talibãs, existe um denominador comum, de importância variável mas nunca ausente: a perda dos referenciais de identidade. A rapidez do desenvolvimento da sociedade da informação, com tudo que tem de uniformizante, tem sua parte de responsabilidade nessas crises. Seja verdadeira ou falsa essa hipótese, constatamos que ninguém pode prognosticar uma diminuição ou mesmo uma estabilização dessa violência, trate-se da juventude ocidental, da estabilização interétnica da África ou do respeito das fronteiras no antigo império soviético ou apenas na Federação Russa. Seja, por exemplo, no México (três mil mortos em dois anos no norte do país) ou em matéria de pirataria marítima internacional, observamos um forte aumento das forças mobilizadas e dos meios usados, cada vez mais militares, a serviço de uma conflitualidade maior que se aparenta à de uma guerra.

É urgente integrar uma prospectiva da violência às reflexões sobre a governança mundial. Uma tomada de consciência incontestavelmente está surgindo, com a referência aos direitos humanos como principal apoio. Se podemos nos rejubilar pelo fato de a esfera judiciária avançar muito mais rapidamente do que a política, lamentamos, entretanto, não assistir ao surgimento de uma análise global e de medidas coordenadas. Seria bom que a pequena comunidade de pesquisadores, intelectuais, dirigentes políticos e militantes que reflete e age sobre esses problemas de governança mundial pudesse, o mais brevemente possível, entrar em acordo sobre duas categorias de objetivos:

- a primeira diz respeito à escolha dos terrenos em que a consciência da opinião pública mundial já está bastante avançada para permitir a abertura e a conclusão de negociações tendentes a estabelecer convenções mundiais operacionais. Os terrenos mais férteis atualmente parecem ser o efeito estufa, a água potável, as armas leves e a criação de um direito de ingerência em matéria de direitos humanos, a partir da criação do Tribunal Penal Internacional;
- a segunda diz respeito à reflexão global sobre os princípios fundadores a serem adotados na governança mundial. Ainda que a esperança de vê-los reconhecidos num futuro próximo seja fraca, esses princípios devem começar a ser debatidos e a ser objeto da ofensiva pedagógica acima mencionada.

O Collegium International, ético, político e científico, enfrenta essa tarefa aperfeiçoando seu projeto de "Declaração Universal de Interdependência". Paralelamente, os elementos reunidos por alguns dirigentes por iniciativa da Aliança por um Mundo Responsável,

Plural e Solidário também me parecem constituir um excelente início de debate. A chave de todo aperfeiçoamento da governança mundial está numa constatação simples e evidente: toda sociedade deve submeter-se a regras; caso contrário, será submetida ao reinado da força bruta. O mundo tornou-se uma sociedade unificada, que, no entanto, não é regida por qualquer regra. Cabe, portanto, estabelecer uma dupla legitimidade: da regra de direito como princípio de organização e do sistema de órgãos e instituições capazes de editar essas regras ou normas.

Embora certos Estados possam debater em detalhes as regras propostas, e até mesmo recusar-se às vezes a adotá-las, em vez de sofrerem a imposição de normas por eles consideradas desfavoráveis, a maioria deles, grandes ou pequenos, quase sempre aceita esses princípios. À exceção, contudo, dos Estados Unidos, cuja cultura coletiva não aceita tais princípios. Frequentemente os Estados Unidos assinam tratados e não os ratificam (citemos por exemplo Versalhes, Kyoto ou o acordo de 1997 com a Federação Russa sobre a herança da antiga União Soviética em matéria de diplomacia nuclear), invocam um direito permanente de tomar decisões unilaterais em matéria de regras comerciais e atualmente tentam até desvincular-se unilateralmente do tratado de 1972 sobre os sistemas de defesa antimísseis. Hoje, uma questão crucial se coloca para a governança mundial: o enorme poderio dos Estados

Unidos vai militar exclusivamente pelos seus interesses ou será posto a serviço da promoção de regras mundiais que, portanto, também lhes diriam respeito? A segunda resposta implica uma mudança nacional de cultura. Tratando-se de uma grande democracia, forças intestinas importantes já atuam nesse sentido. Assegurar sua vitória para construir o núcleo central de uma solidariedade das forças mundiais preocupadas com um estado de direito no mundo é sem dúvida o objetivo mais importante do período. Todas as considerações anteriores, por mais essenciais que sejam, são da ordem da tomada de consciência. Agora é decisivo buscar para elas pontos de aplicação na ordem da decisão, na ordem do institucional.

Entramos no século XXI há 11 anos e todas as negociações internacionais iniciadas neste século fracassaram! Vejamos o exemplo das chamadas negociações do "ciclo de Doha", feitas sob a égide da OMC com o objetivo de melhorar as condições do comércio internacional. Estamos já no quinto fracasso de conferência mundial. Embora uma esperança de paz entre Israel e a Palestina se tivesse esboçado em Oslo no fim do século XX, a comunidade internacional assiste sem intervir no século XXI à deterioração metódica e talvez definitiva dessa hipótese. Todos nós sentimos uma profunda alegria cívica ao ouvir os presidentes Obama e Medvedev dizerem juntos em duas ocasiões

— algo absolutamente inaudito! — que sonhavam com um mundo em que a arma nuclear tivesse sido erradicada. Esse sonho poderia ter sido concretizado na conferência quinquenal de exame do Tratado de Não Proliferação Nuclear, em Nova York, em 2010, mas a montanha não foi capaz de dar à luz nem mesmo um camundongo. Novo fracasso. Da mesma forma, a Conferência de Copenhague sobre o clima não generalizou o sistema de cotas. Coloca-se então a questão de pôr seriamente em dúvida os mecanismos das conferências de consenso, por meio dos quais as grandes nações costumam impedir qualquer decisão. A Carta da ONU prevê mecanismos de decisão que não são mecanismos de consenso. Na ONU, vota-se. Na Assembleia Geral, não há veto. E quando se manifesta um veto, é que houve voto e uma maioria de decisão é possível.

É evidente e urgente a necessidade de refletir e, sobretudo, aceitar a ideia de que o retorno a mecanismos de decisão e oposição torna-se possível. Para isso, precisaremos de uma legitimidade. Está na hora de submeter à opinião pública mundial e aos chefes de governo a ideia de que a Assembleia Geral da ONU deveria ela própria votar a constatação de nossa interdependência. Depois de reconhecer que o absolutismo das soberanias nacionais pode bloquear todo progresso da humanidade para preservar o interesse nacional, a humanidade finalmente caminhará na boa direção.

Chegou a hora de criar um sistema decisório, de buscar chefes de governo em todo o mundo que se mostrem dispostos a levar adiante o combate, para dizer à Assembleia Geral da ONU que chegou o momento de aceitarmos medidas impositivas que limitem nossa soberania.

Por uma governança de destino comum

Edgar Morin

Nossas sociedades são marcadas por uma dupla ambivalência. A primeira diz respeito ao processo de globalização pelo qual somos levados. Por um lado, ele abre um caminho de salvação para a humanidade, ao criar uma interdependência crescente entre todos os povos do planeta. Diante de problemas fundamentais idênticos, os seres humanos estão de fato ligados por um destino comum, muito embora hoje em dia só uma pequena minoria tenha consciência disso. Seria de bom senso, então, criar a partir desse destino comum instâncias planetárias que, sem negar as nações e as pátrias, pelo contrário, integrando-as, permitam-nos ter acesso àquilo que chamei de "Terra-Pátria".

Se essa globalização abre caminho para a salvação, também o abre para a perdição. Com efeito, os motores dessa globalização — ciências, técnicas, economia, lucro — trazem em seu bojo os germes da catástrofe.

A ciência criou a arma nuclear, que se multiplica; a técnica e a economia associadas conduzem a processos de degradação da biosfera, talvez já irreversíveis e contra os quais nenhum remédio foi ainda desenvolvido. Essa imbricação de perturbações converge para um ponto em data e forma que hoje ainda não podemos definir.

Paradoxalmente, contudo, essa perdição pode agir em favor da salvação. Quanto mais nos conscientizarmos dos perigos a que somos arrastados, mais poderemos reagir e encontrar energia para combatê-los — citemos, por exemplo, o início de tomada de consciência gerado pelo drama de Fukushima. Como dizia Hölderlin em *Patmos*: "Onde cresce o perigo, cresce também o que salva."

A segunda ambivalência, ou poliambivalência, diz respeito a nosso processo de desenvolvimento, crescimento e ocidentalização.

Os pobres tiveram acesso ao status de classe média à ocidental, com todas as vantagens culturais associadas. Entre essas, citemos a emancipação das gerações jovens em relação ao poder absoluto dos mais velhos; o movimento de emancipação das mulheres, que conquistaram algumas liberdades; o processo de abertura cultural, associado, naturalmente, às intoxicações da nossa civilização ocidental — como o envenenamento pelo automóvel ou as atitudes consumistas. Ao mesmo tempo, contudo, assistimos a uma extraordinária extensão da miséria. Majid Rahnema dizia muito acertadamente que a globalização transforma a pobreza em miséria.[1]

Um pequeno camponês com seu quinhão de terra, seus animais e sua policultura pode preservar um mínimo de dignidade humana. Mas ao ser expulso maciçamente de suas terras — sendo a tendência mundial um processo de urbanização desenfreada —, esse camponês é jogado em favelas. Começa então um processo de proletarização contra o qual só a solidariedade representa uma barreira. Nas sociedades em que as formas tradicionais de solidariedade são mantidas, essa solidariedade se expressa por meio da grande família — muitos irmãos e irmãs, logo, muitos tios e primos — ou por meio da vizinhança. Essa ajuda recíproca impede as populações das favelas de cair na miséria. Ora, quando a família se reduz, quando as manifestações de solidariedade se deslocam, o que resta? Eis o novo paradoxo. Se a ocidentalização favorece o individualismo, no sentido mais nobre da palavra, vale dizer, a autonomia individual e a responsabilidade pessoal assumida, ela desenvolve ao mesmo tempo o egocentrismo, o egoísmo, assim como a degradação das formas tradicionais de solidariedade. Em nossos países europeus, esse tipo de solidariedade perdura de forma institucional, impedindo que a pobreza se

---

[1]. *Quand la misère chasse la pauvreté*. Paris: Fayard/Actes Sud, 2003.

transforme em miséria. Em compensação, nos muitos países em que essas instituições não existem, a miséria conquista terreno diariamente.

Hoje, chegou o momento de nos questionarmos sobre as ações a serem conduzidas para superar essas ambivalências da globalização e do desenvolvimento.
Alguns proclamam: "Vamos desglobalizar, salvaguardar nossas indústrias nacionais, nossas agriculturas locais, nossas autonomias locais!" Na minha opinião, devemos recusar esse tipo de alternativas e afirmar: "Globalizemos e desglobalizemos!" Com "globalizar", quero dizer apoiar e desenvolver as ações que criam intersolidariedade, que criam e desenvolvem uma cultura mundial, alimentada com os frutos das diversas e múltiplas culturas do planeta. Mas é preciso "desglobalizar", ou seja, impedir que o local seja ignorado. Assistimos hoje à desertificação dos campos. Nas aldeias, não encontramos mais bistrô, armazém nem padaria, porque os supermercados ocuparam todas as funções comerciais. Para fazer frente a essa hegemonia, é vital desenvolver a alimentação de vizinhança, salvaguardar os artesanatos, mas também dinamizar a vitalidade local, nela desenvolvendo, por exemplo, a democracia participativa apregoada por certas cidades do Brasil. O local e o regional devem ser protegidos, às vezes por medidas de proteção alfandegária, que podem ser temporárias. Para ter êxito nesse caminho,

os duplos sentidos são inevitáveis: globalizar/desglobalizar, mas também desenvolver/envolver.

Claro que o que é positivo no desenvolvimento deve ser conservado — as vantagens da medicina ocidental, os antibióticos, desde que, naturalmente, as indústrias farmacêuticas não monopolizem com suas patentes a possibilidade de tratamento das populações mais pobres... Mas essas melhorias incontestáveis devem ser associadas ao envolvimento, para que as pessoas possam tomar parte em suas culturas, sua comunidade, sua solidariedade. Assim, para voltarmos ao exemplo da medicina, é necessário contemplar a simbiose de diferentes medicinas, como as locais, as regionais e as grandes medicinas milenares, como as da China e da Índia. A autonomia individual deve combinar-se com o desabrochar numa comunidade.

Devemos efetuar a junção de dois conceitos aparentemente antagônicos do pensamento binário: crescimento e decrescimento. Diante da polêmica de uns — "É necessário crescer!" — e de outros — "Não, é preciso decrescer!" —, devemos nos questionar sobre a essência das coisas: o que deve crescer e o que deve decrescer?

Todos sabemos o que deve decrescer: energias poluentes que se vão rarefazer e tornar-se cada vez mais caras; um consumo de produtos de qualidades ilusórias e mitológicas, estimulado por uma publicidade consumista, que supostamente conferem beleza, juventude e saúde; uma agricultura intensiva e uma criação industrializada que apresentam males maiores do que os benefícios. Esse decrescimento deve ocorrer em proveito de diversos setores: uma economia de energias renováveis; uma alimentação de qualidade, orgânica ou ecológica; uma economia justa, que tem seu melhor exemplo no comércio equitativo que acaba com os intermediários predadores — e não estou falando apenas do café e do cacau de países distantes e que são consumidos aqui, mas das relações diretas entre produtores, horticultores e consumidores urbanos, como as que vigoram nas revendas da Amap.[2]

A solução, portanto, não se encontra no crescimento ou no decrescimento, mas na combinação desses dois componentes. A economia social e solidária — associações de mutuários, cooperativas... — ganhou um novo impulso; prova disso foi sua conferência geral, em Paris, em junho de 2011. Tais perspectivas são de natureza a rejeitar a economia voltada exclusivamente para o lucro, propondo outras opções. Assim, a economia verde não pode limitar-se à questão energética, dizendo respeito igualmente às grandes obras urbanas necessárias para criar estacionamentos ao redor das megalópoles, para que os habitantes dos subúrbios possam usar os transportes públicos da cidade.

---

2. Association pour le Maintien d'une Agriculture Paysanne (www.reseau-amap.org).

O que era entendido como "desenvolvimento" deve ser integrado ao que eu chamaria de "uma política da humanidade", tendo como objetivo, em vez de impor um modelo padrão a culturas extremamente diferentes umas das outras, como ainda acontece hoje, estabelecer a simbiose entre o melhor de cada cultura e o melhor do que pode ser proporcionado pelo Ocidente dito "desenvolvido". Assim, uniríamos as ideias de democracia, direitos das mulheres, direitos do homem, aos princípios de solidariedade, integração à natureza (num momento em que descobrimos de maneira penosa o problema ecológico) e respeito pelos velhos (quando, em nossa própria sociedade, as famílias mandam os parentes idosos a lugares onde se preparam para morrer, pudicamente chamados de "casas de repouso").

A nova orientação política não deve destruir a política tradicional, mas superá-la. Entendamos a palavra "superação" em seu sentido hegeliano, isto é, onde se integra o que deve ser conservado do antigo para superá-lo em algo de novo. Isso subentende reformas em todos os terrenos, tanto na economia quanto na estrutura social, na corrupção e até na própria justiça. Tudo deve ser reformado, mudado, até nosso modo de vida. Perdemos o senso da qualidade da vida, da poesia da vida, que é o primeiro imperativo, pois a poesia é tudo que nos exalta, tudo que nos faz comunicar, tudo que nos leva a nos maravilharmos, tudo que nos faz amar.

Nessa grande variedade de novos caminhos a serem abertos estão os do conhecimento e do pensamento. Nossa formação se organiza em torno de disciplinas herméticas umas às outras, produzindo, assim, especialistas de grande desempenho em seus terrenos, mas incapazes de conceber problemas fundamentais e globais. Hoje, um pensamento pluridisciplinar é indispensável para ligar os conhecimentos uns aos outros. Dada a complexidade dos problemas atuais — *complexus* sïgnificando "tecido junto" —, é necessário reaprender a praticar um pensamento da ligação. A globalização é, bem caracteristicamente, um processo no qual os elementos da realidade humana estão em interação. Apesar da proliferação gigantesca de conhecimentos, uma reforma fundamental da educação — e, portanto, do pensamento atual — é essencial, pois a educação instrui um pensamento que nos torna míopes e até mesmo cegos. Essa reforma da esfera mental incluiria também a capacidade — e a complexidade — de pensar as antinomias, as contradições. Heráclito de Éfeso, um dos mais antigos filósofos gregos da Antiguidade, e mais adiante Hegel e Heidegger consideravam que "o pensamento deve aproximar ideias contrárias".

Essas mudanças podem levar à reforma mais difícil, a do pensamento político, singularmente vazio nos tempos atuais. Se, como acredito, o caminho que seguimos leva a catástrofes, não podemos mudá-lo brutalmente. É necessário que sejam elaborados novos eixos. As grandes mudanças históricas começaram com desvios às vezes individuais, como nos casos de Buda, Jesus, Maomé, ou por meio da ciência moderna, com a ajuda de grandes cabeças — Descartes, Galileu, Bacon —, até se transformar numa força formidável na sociedade. O próprio capitalismo não passava de um pequeno parasita do mundo feudal e o socialismo nasceu em algumas cabeças completamente ignoradas e desprezadas pela *intelligentsia* e pela Universidade da época. Tudo começa sempre de maneira minoritária, mas em dado momento, quando se manifestam certas necessidades, os processos se ampliam e são acelerados. Surge então a possibilidade de que os diferentes caminhos reformistas convirjam como fios d'água para formar regatos, que por sua vez convergem para formar um grande rio e constituir um novo caminho que torna obsoleto o anterior. Muitas vezes, esses processos não se dão de maneira harmônica, sendo necessário atravessar fases dramáticas e trágicas.

Quando um sistema não é capaz de tratar seus problemas vitais e fundamentais, o que ocorre? Duas soluções: esse sistema se decompõe ou regride, acentuando-se a sua barbárie; ou ele tenta reformar-se, mas, diante da amplidão das transformações necessárias, consegue fazer apenas uma soma de pequenas reformas. Quando um sistema não consegue resolver seus problemas fundamentais, ele pode metamorfosear-se, ou seja, extrair do seu seio um metassistema mais rico.

O MUNDO NÃO TEM MAIS TEMPO A PERDER

Temos de constatar que o sistema Terra, hoje, não consegue tratar nenhum dos seus problemas vitais: fome, problemas econômicos, ameaças de guerra nuclear, fanatismo étnico-religioso, nem sequer a dominação do capitalismo financeiro especulativo, que faz tremerem na base os Estados. Ele está condenado à morte ou à metamorfose. Essa não pode surgir imediatamente, será fruto de um processo histórico. Se esse processo histórico pode ser contemplado — atualmente, ainda que pouco provável, ele continua sendo possível e muitas vezes o improvável aconteceu na História —, podemos pensar que as forças salutares criadas pela globalização poderão tornar-se fecundas. Ainda podemos, portanto, ter esperança.

A governança mundial no século XXI
Michael W. Doyle

A governança mundial é hoje o próprio exemplo dos desafios que questionam a maneira como é gerido o planeta, pondo em jogo a durabilidade da sociedade industrial e a sobrevivência dos povos. Defrontamo-nos com a mudança climática: a esse respeito, os cenários da inércia, do *business as usual*, conduzem-nos a um meio ambiente mundial insustentável a longo prazo e cujas consequências mais imediatas e terríveis atingirão os países menos preparados para geri-las.

Ante o problema das armas de destruição em massa, não dispomos de medidas eficazes e que possam atender em especial às aspirações legítimas daqueles que desejam ter acesso à tecnologia e à energia do átomo. Temos aqui uma conjunção entre o risco de proliferação nuclear e a recusa das potências nucleares existentes de elaborar uma estratégia para reduzir progressivamente o papel da dominação atômica na segurança internacional.

Vivemos num mundo perigoso, onde a segurança, outrora garantida pelos Estados, é atualmente ameaçada pelos atos terroristas de grupos privados, armados com tecnologias cada vez mais terríveis. E é necessário resolver esse problema sem destruir as liberdades civis, muitas vezes alvo dessas organizações terroristas.

Constatamos o fracasso do "ciclo de Doha", que revela a incapacidade dos governos entrarem em acordo quanto a um sistema comercial propício ao tipo de desenvolvimento necessário para reduzir a pobreza mundial.

Esses desafios, e tantos outros com que nos deparamos, não exigem apenas reformas institucionais e o surgimento de novas formas de liderança, requerem também uma outra maneira de pensar e abordar os problemas mundiais e o alcance de nossas responsabilidades como cidadãos.

Os três problemas fundamentais da governança mundial

Os fracassos dos mercados mundiais. Por mais eficientes que sejam às vezes os mercados privados para atender à demanda efetiva mediante uma oferta suficiente, o fato é que eles não enfrentam suficientemente as externalidades que são de natureza pública e mundial. Em consequência, eles criam males públicos mundiais, e não bens públicos mundiais.

Os fracassos da soberania. Embora possam às vezes estabelecer uma ordem legítima em seus países, os Estados soberanos não abordam, como seria necessário, os problemas transfronteiriços: com demasiada frequência, a indiferença e a ausência de um corpo cívico mundial se associam no sentido de excluir as soluções coletivas dos problemas comuns.

Os fracassos da gestão intergovernamental. Apesar da importância da ação coletiva, as instituições intergovernamentais não têm autoridade, nem visão, nem expertise, nem recursos necessários para governar o mundo.

Nos três casos, verifica-se, no fundo, um fracasso da apresentação de soluções, da vontade política e, especialmente, uma recusa de repensar as bases da ordem internacional e as responsabilidades que implicam.

O novo contexto

O que é novo nas crises atuais é um contexto mundial marcado por uma interdependência radicalmente ampliada entre os países e também entre os problemas. É o universo da globalização. Esta é acompanhada, em nível nacional, pela expansão da democracia, o que suscita a esperança de que as populações possam expressar-se e ser ouvidas em todos os níveis. E isso ocorre na trilha do surgimento de novos centros de poder industrial e financeiro, particularmente na Ásia, os quais não desempenham papel à sua altura nas instituições e práticas mundiais, em sua maioria estabelecidas em 1945.

Em consequência, são muitos os terrenos em que a governança mundial atual não tem capacidade de estabelecer normas, promove uma coordenação e uma cooperação insuficientes, imobiliza-se quando se faz necessário respeitar regras e escapa a qualquer forma adequada de exame público.

O problema não é que não exista uma governança mundial. Ela opera nos níveis nacional, regional e mundial. Apresenta soluções públicas, público-privadas e privadas. Algumas são eficazes. Por exemplo, o direito do mar, no qual existe todo um conjunto de regras aceitas e observadas pelas principais partes interessadas. No terreno da saúde, a OMS serve de foro eficaz para a gestão da epidemia de SRAS (síndrome respiratória aguda severa); parcerias público-privadas, entre elas o Fundo Mundial de Luta contra a Aids, a Tuberculose e o Paludismo, garantem acesso cada vez maior aos antivirais; e organizações privadas da sociedade civil, como o Rotary International, deram importantes contribuições à governança mundial — especialmente, no terreno da saúde, a erradicação da pólio. Não diremos aqui que hoje em dia os cuidados médicos são exaustivos no conjunto do planeta, mas podemos observar certos progressos. Algumas organizações privadas chegaram até a resolver diretamente problemas de coordenação que, por sua própria natureza, deveriam estar na esfera de um acordo intergovernamental. Podemos lembrar a gestão da internet pela Corporação da Internet para Atribuição de Nomes e Números (Icann); e o papel desempenhado por atores privados na fiscalização de certos desdobramentos e no estabelecimento de normas (ISO etc.).

Contemplando o futuro, a governança mundial surge-nos menos como um problema de concepção técnica do que como um desafio político. Estes exigem instituições eficazes para, ao mesmo tempo, elaborar estratégias e levantar recursos. Elas devem ser legítimas aos olhos daqueles que são afetados por sua ação. É uma questão de arbitragem, bem entendemos. Às vezes, a eficácia exige uma gestão em *petit comité*, o que pode abafar a voz dos que querem ser ouvidos; em outros casos, em compensação, uma gestão eficaz só poderá concretizar-se com o apoio voluntário de todas as partes envolvidas. A própria maneira de entender os problemas com que nos defrontamos pode ser uma questão política. Está surgindo em certos terrenos um consenso mundial, mas em muitos outros a definição do problema é fonte de conflito entre os países e no interior deles, onde as elites e as massas encaram as coisas de maneira diferente.

Desse ponto de vista, um aspecto crucial do fracasso da governança mundial hoje aparece com toda clareza: é por demais grande o número de pessoas que não têm direitos adequados no mundo; sua voz não é ouvida, seus objetivos não são atendidos.

As ações a serem conduzidas

Diante das crises da governança mundial, as soluções devem tentar integrar os princípios do autêntico diálogo. É necessária uma melhor informação, ao mesmo tempo para estabelecer normas e identificar as falhas na responsabilidade das instituições e no controle de sua ação. A liderança deve reunir vontade política, visão, inteligência estratégica, conhecimento e recursos adequados.

Na prática, isso significa que as soluções devem ser flexíveis e de uma dimensão adaptada aos contornos específicos do problema. De nada serve resolver numa região do mundo problemas que podem ser regulados em nível nacional; e não é possível substituir soluções mundiais difíceis de concretizar por soluções regionais.

Alguns exemplos

As instituições existentes e os novos foros devem estimular uma liderança mais acessível, proveniente de fora do círculo dos poderes estabelecidos. Para ser eficaz, essa liderança deve assumir compromissos explícitos. Precisamos de países que pensem no interesse geral das comunidades mundiais e estejam dispostos a sacrificar em parte seus interesses particulares para se engajarem em favor dos bens mundiais.

Precisamos de um contexto no qual a informação especializada, quando existir, seja mobilizada para melhor definir os numerosos fatores em jogo e propor sobre essa base estratégias coerentes, como faz o Grupo Intergovernamental de Especialistas sobre a Evolução do Clima (Giec). Entretanto, como a comunidade científica às vezes se mostra dividida e as soluções técnicas podem ocultar uma definição reducionista do problema, também necessitamos de um contexto de deliberação e contestação abrindo espaço para vozes durante muito tempo excluídas do processo decisório público mundial. Aqui, o desafio consiste tanto em formular melhores práticas quanto em contestá-las, de maneira a possibilitar o prosseguimento da experimentação, em vez de encerrá-la prematuramente.

Parcerias público-privadas deverão explorar as sinergias entre a autoridade e a regulamentação públicas, por um lado, e, por outro, o espírito de empreendimento e os recursos privados. É assim que será possível proporcionar soluções financeiramente sólidas para problemas graves e maciços. A mudança climática, por exemplo, requer centenas de bilhões de dólares de novos investimentos, e só podemos esperar uma pequena fração dos orçamentos públicos. Nada acontecerá sem uma legislação que estabeleça um contexto encorajando a inovação e distribuindo responsabilidades.

Devemos reformar as instituições internacionais existentes, não por elas mesmas, mas para fazer com que reivindicações mundiais autênticas sejam mais bem atendidas. Por exemplo, além de novos voluntários dispostos a tomar sua frente, as tentativas de solução de conflitos e manutenção da paz exigem instituições regionais mais fortes e instituições mundiais mais reativas. Precisamos de um Conselho de Segurança da ONU que reflita melhor o século XXI, pois desse modo ele será mais legítimo e estará mais em condições de inspirar respeito e mobilizar os recursos necessários para restabelecer e manter a paz. Nos dois planos, imediatamente pensamos no devastador conflito que assola a República Democrática do Congo, terrível ilustração da não reforma da governança mundial.

Para oferecer a todos os países, pequenos e grandes, um foro onde possam debater sinceramente e estabelecer normas, a Assembleia Geral da ONU deve passar por uma revisão radical que a afaste do diálogo de surdos, aproximando-a de um diálogo em que se ouça tanto quanto se fala, na abordagem dos temas até mesmo mais controvertidos e na emissão de avaliações coerentes e úteis. As migrações, por exemplo, constituem um problema cujas implicações mundiais, tanto políticas quanto econômicas, exigem que se repense a questão de saber quem controla as fronteiras e com que interesses.

Se a ação mundial pode ser mais ou menos deliberativa e responsável, de qualquer maneira é realmente necessária e será insuficiente se não dispuser de recursos adicionais. Esses podem vir de parcerias, de uma tributação internacional e outras soluções inovadoras e financiamentos de mercado, concebidos em função de cada crise específica e para satisfazer necessidades reais definidas na escala exigida pela dimensão do problema.

Último ponto, mas não dos menos importantes: a ausência hoje evidente de uma gestão das crises financeiras em nível mundial. Essa gestão de crise deve intervir muito mais cedo. Deve integrar as principais partes interessadas para melhor entender o que acontece e melhor agir. Por imperfeitas que sejam, as soluções aplicáveis numa etapa precoce valem mais do que as que só se revelam fundamentadas *a posteriori*. A crise financeira que sacode o mundo pode muito bem evoluir para as chamadas políticas "esfola seu próximo", como aconteceu nas crises financeiras do início da década de 1930, que desencadearam a depressão mundial de toda a década. No contexto desses esforços, é necessário reestruturar instituições como o FMI e a OMC, para que os novos atores sejam mais bem representados nelas. É necessário também repensar as leis, as regulamentações e os foros existentes, para que reflitam ideias adequadas ao ambiente extremamente globalizado em que vivemos.

Como governar em nível mundial

Existem duas estratégias de governança ou modos de cooperação cruciais. A primeira é a abordagem principal-agente. A segunda, a coordenação em rede.

A abordagem principal-agente

Esse modelo encara a governança como uma delegação de poder de um principal (proprietário), que cede sua autoridade política e seus recursos a um agente, tendo em vista um objetivo específico. Essa delegação de poder confere ao agente legitimidade e eficácia e o principal o fiscaliza em seguida, para se certificar de que ele está cumprindo o objetivo. É o modelo genérico tradicional, sobre o qual os Estados criam instituições intergovernamentais como a ONU. O mandato e a capacidade de ação da ONU são função da delegação de poder de "nós, os povos..." — os Estados-membros —, e sua autoridade se encarna nos poderes da Assembleia Geral e do Conselho de Segurança.

Essa ideia está no cerne da reforma do Conselho de Segurança contemplada pelo Grupo de Personalidades de Alto Nível sobre as Ameaças, os Desafios e a Mudança, que propõe a concretização dos direitos de um novo conjunto de principais e de suas reivindicações sobre a autoridade do Conselho. Ela determina também a *démarche* neoclássica dos "democratizadores", que preconizam a criação de um sistema de instituições internacionais mais democráticas, com a eleição por sufrágio indireto dos parlamentos nacionais, ou mesmo por sufrágio direto de toda a população, dos delegados ao Parlamento Europeu ou a uma Assembleia Geral democrática. Nesse caso, são os principais (os eleitores) dos principais (os Estados) que tentam aumentar seu controle.

Os principais limites da abordagem principal-agente são, para começar, o risco de que os agentes rompam amarras — em outras palavras, que as instituições internacionais escapem ao controle dos principais. Esse risco tem sua caricatura nas reações paranoicas à suposta ameaça dos "helicópteros negros" da ONU, que alguns crédulos acreditam a ponto de cair a qualquer momento nos Estados Unidos. Uma segunda ameaça, mais séria, é o risco de bloqueio da governança. Aqui, os principais, os Estados, e seus agentes, as instituições internacionais, controlam os resultados do sistema mediante estruturas de fiscalização que descartam as soluções para os verdadeiros problemas mundiais. Os vetos, as maiorias compradas representam uma barreira aos esforços autênticos para resolver os problemas do mundo. São atendidos apenas os interesses dos Estados e seus agentes burocráticos: são os conhecidos problemas do veto no Conselho de Segurança, da situação bloqueada pela intransigência do G77 na Assembleia Geral e do voto ponderado no Banco Mundial e no FMI.

A governança em rede

É um sistema completamente diferente. A legitimidade e a capacidade não são mais decididas e controladas por principais, no contexto de uma delegação de poder, mas dispersas e descentralizadas. A legitimidade da governança resulta dos valores compartilhados por uma "comunidade internacional" comprometida com a paz, os direitos humanos, a durabilidade ambiental, a erradicação da pobreza.

Os agentes são os diferentes atores de redes compostas de pequenos dirigentes públicos, parlamentares, juízes e especialistas trabalhando para ONGs ou o setor privado. Eles abordam os problemas privilegiando soluções práticas. Problemas de que se encarregam essas "coalizões de voluntários" por sua própria iniciativa, mediante aplicação de valores compartilhados. Estados, instituições intergovernamentais, instituições regionais, empresas multinacionais, sociedade civil transnacional, ONG, movimentos populares: cada um traz para a rede capacidades autônomas e distintas de diálogo e ação. Entre os recentes êxitos desse modelo de governança podemos citar a campanha sobre as minas terrestres, que levou à Convenção de Ottawa; as iniciativas de responsabilidade social empresarial, como o Pacto Mundial da ONU e certas parcerias público-privadas.[1] Ao contrário do modelo principal-agente, a fiscalização também é dispersa. Ela não se faz mediante delegação de autoridade e competências, mas pela transparência e pela ação de agentes dispersos, sendo coletivamente avaliada em função do grau de alcance dos valores e objetivos compartilhados.

Esse modelo não é inteiramente desvinculado da tradicional abordagem principal-agente. Os Objetivos do Milênio, por exemplo, subscritos pelos 191 Estados-membros da ONU, representam uma referência importante para a sociedade civil mundial, cujo apoio e cuja atividade são especificamente chamados a contribuir. As redes podem ser eficazes — especialmente quando a tradicional abordagem principal-agente é bloqueada. Mas também têm seus defeitos característicos: a quem se há de prestar contas e de quê? Os valores são de fato compartilhados ou impostos por uma elite mundial? Sendo compartilhados, quais são prioritários e quem decide a ordem de prioridade? Por quem devem ser aplicados e de que maneira?

Existe hoje uma tensão natural entre os dois modos de governança. Podemos dizer que o mundo seria melhor com os dois, mas que eles se oporão fortemente. Uma parte da atividade das redes parecerá ilegítima aos principais tradicionais — os Estados-nação. A

---

[1]. Aliança Mundial para Vacinas e Imunização (Gavi), Fundação Gates, processos de Kimberley — ver o relatório Cardoso e Anne-Marie Slaughter, *The New World Order*.

fiscalização e o controle exercidos por esses principais serão encarados como monopólios embotadores pelas jovens redes de militantes engajados. Mas também haverá complementaridades positivas. Qualquer que seja a importância do tradicional sistema Estados-instituições intergovernamentais no que diz respeito à responsabilidade, à autoridade e à competência, trata-se de um medíocre produtor de soluções novas e imaginativas, que muitas vezes partem das redes.

Conclusão

Em resumo, não temos qualquer receita instantânea para resolver o conjunto considerável de fracassos da governança mundial com que nos defrontamos hoje. Essas crises não são simplesmente técnicas, mas profundamente políticas. O atual contexto da governança mundial constitui ao mesmo tempo o problema e a solução. Uma das tarefas importantes que nos aguardam será conjugar a engenhosidade das redes com a autoridade dos Estados e seus agentes, as instituições intergovernamentais. Será necessário buscar as respostas em disciplinas intelectuais numerosas e diversificadas, mas também na liderança política a ser exercida por dirigentes mobilizadores, apoiados por instituições mais eficazes e por uma opinião pública que terá entendido melhor que vivemos num mundo no qual os problemas humanos nem sempre estão vinculados a um passaporte nacional.

Logo, resumo...!
Stéphane Hessel

Não há mais tempo a perder. Os desafios que devemos enfrentar de imediato são conhecidos, estão compilados e descritos. Os responsáveis são os detentores do poder político e do poder financeiro. Não são os mesmos. Aqueles não aprenderam a submeter esses.

Também sabemos que os desafios são interdependentes, tanto geográfica quanto tematicamente. Eles não dizem respeito a um país, nem mesmo o mais poderoso, nem a uma região, por mais rica que seja, mas, em sua complexidade, a todo o planeta. O desafio da miséria diante da riqueza escandalosa de alguns, o desafio da superexploração dos recursos da nossa Terra e finalmente o desafio do ódio de uns e da violência de outros devem ser abolidos juntos. Por isso é que precisamos desenvolver um programa de reformas radicais em torno do qual todas as culturas e civilizações venham a conjugar seus esforços.

O Collegium International ético, político e científico enfrenta essa missão há dez anos. Tenta promover o diálogo e a escuta recíproca entre ex-chefes de Estado ou membros de governos e pessoas que empreenderam uma reflexão individual consistente sobre os grandes problemas da economia, da ciência, do futuro da humanidade. Ao se encontrarem, eles devem ter um objetivo comum, que é o bem da humanidade... E atenção, essa tarefa é árdua, mas é indispensável. Se tivermos um outro objetivo, de nada vale. É necessário ter esse objetivo, e se as pessoas juntarem suas experiências para tentar elaborar a maneira como podemos alcançá-lo, haverão de mostrar o caminho a ser seguido.

Lição da globalização por excelência, nenhum Estado está hoje em condições de impor o respeito a uma ordem mundial e as indispensáveis regulações globais. É necessário, portanto, trabalhar com modelos de organização alternativos à hegemonia. Prêmio Nobel ou não, o presidente dos Estados Unidos não é mais o homem mais poderoso do planeta. O fim do sonho imperial americano, enterrado entre Bagdá e Cabul, faz eco ao desmoronamento do império soviético, já lá se vão vinte anos. Depois de mais de três séculos do regime vestfaliano do absolutismo dos Estados-nação, começa uma nova era nas relações entre os povos, abalando o reflexo nacional sobre o qual ainda repousam nossas culturas políticas modernas.

Catástrofe ecológica, recessão econômica, fome e penúria, pandemias virais, instabilidade política,

LOGO, RESUMO...!

ameaças terrorista e nuclear... Precisamos de respostas mundiais para os problemas mundiais. Ante essas crises planetárias, precisamos absolutamente tomar consciência da nossa interdependência. É a sobrevivência da humanidade que está em jogo! E essa sobrevivência depende do estabelecimento de uma governança mundial digna do nome — para sair da cacofonia desalentadora que infelizmente pudemos constatar em muitas oportunidades recentes. Pois o fato é que, quaisquer que sejam as esperanças suscitadas pela criação de um G20 ou as gesticulações entusiásticas do presidente francês, não existe no momento atual qualquer governança mundial. É verdade que elementos de regulação internacional e algumas instituições agem em escala global, mas a governança mundial é muito mais do que isso: a capacidade de se elevar acima das barganhas entre interesses nacionais para tomar decisões políticas planetárias — em nome da humanidade.

Hoje, infelizmente, apesar de alguns pequenos movimentos, a necessidade vital desse tipo de governança ainda não é entendida. Os interesses nacionais, vale dizer, os "egoísmos", ainda prevalecem, transformando cada reunião internacional em sessão de barganhas sórdidas. Seja em matéria de luta contra o clima, das questões energéticas, na segurança coletiva ou no comércio internacional, é patente a incapacidade de se elevar acima dos interesses em jogo. Todos esses fracassos, naturalmente, estão interligados e seria inconcebível considerá-los separadamente: nesse tipo de jogo de soma zero, cada concessão é vivenciada como uma derrota. Essa miopia persistente dos atores estatais é a marca de um terrível fracasso político.

Não nos enganemos: o que se revela, por exemplo, na incapacidade dos mercados integrados de levar em conta as externalidades negativas da economia globalizada são os limites flagrantes de um sistema internacional puramente estatal. Mais do que nunca, os desafios planetários do século XXI questionam novamente o conceito de soberania estatal e sua expressão internacional: o intergovernamentalismo. A crescente intervenção de atores não estatais (empresas multinacionais, redes criminais, terroristas e mafiosos, organizações transnacionais) desestabilizou completamente há algumas décadas o tradicional jogo de equilíbrio das potências. Portadoras de uma visão alternativa do interesse geral, às vezes em oposição à visão que os Estados deveriam encarnar, certas grandes ONGs chegam até a encarnar em nível global uma nova forma de representação da cidadania. No momento em que está em jogo o futuro de todos nós, chegou a hora de interessar os povos do mundo pela modelagem de seu próprio destino, como humanidade.

Desse modo, uma profunda reforma do único embrião de governança mundial atualmente existente, a ONU, parece indispensável. Da Declaração Universal dos Direitos do Homem à proclamação dos Objetivos do Milênio ou da Segurança Humana, os valores que a inspiram nunca tiveram maior pertinência. Não se trata apenas de reformar o Conselho de Segurança, embora seja necessário. Trata-se de aprofundar a representatividade, a responsabilidade e a legitimidade de todos os seus órgãos. Depois de sessenta anos de relativa hibernação à sombra congelante de impérios totalitários ou democracias imperiais, sua ação pode finalmente tornar-se eficaz e contribuir para o surgimento de uma governança política mundial.

Entretanto, apesar de indispensável, a reforma dessa formidável instituição não será suficiente. Pois toda a problemática consiste em conseguir superar o intergovernamentalismo. Naturalmente, os Estados continuam sendo legítimos na representação dos povos, mas a hora não é mais da soberania nacional, mas da soberania mundial. No momento em que se delineiam os contornos de uma autêntica sociedade-mundo, devemos construir uma dupla legitimidade: a das regras de direito como princípio de organização e a de um sistema de órgãos capazes de catalisar decisões políticas proletárias — em nome do homem.

Apelamos pela fundação dessa "comunidade mundial", cuja estratégia operacional finalmente está na hora de esclarecer, com base em valores inalienáveis, como os que figuram no Preâmbulo da Carta das Nações Unidas. Ela não pode continuar sendo uma entidade vaga, desprovida de encarnação política e jurídica e tantas vezes passando despercebida como uma forma disfarçada do passado colonial.

Legitimidade e representatividade dos atores não estatais, soberania da humanidade, regulações internacionais, direito universal...: o canteiro de obras da governança mundial presta-se hoje mais do que nunca a uma reflexão existencial profunda e urgente.

Para concluir, eis um pensamento que me é muito caro, de Rainer Maria Rilke, que nos diz: "Nós somos abelhas que colhemos o visível para dar-lhe toda a sua força no invisível."

Os autores

BERNARD MIYET: diplomata francês, ex-secretário-geral adjunto da ONU.

EDGAR MORIN: sociólogo e filósofo francês.

FERNANDO HENRIQUE CARDOSO: Sociólogo, ex-presidente do Brasil. Atualmente preside o Conselho da Fundação Instituto Fernando Henrique Cardoso (iFHC).

MICHEL ROCARD: ex-primeiro-ministro da França, senador, deputado europeu, presidente do Collegium International.

MICHAEL W. DOYLE: professor de Relações Internacionais na Universidade de Columbia. Ex-subsecretário-geral das Nações Unidas, é atualmente presidente do Fundo da ONU para a Democracia.

MIREILLE DELMAS-MARTY: jurista e professora no Collège de France.

PETER SLOTERDIJK: filósofo alemão, professor e reitor da Universidade de Artes e Design de Karlsruhe.

RENÉ PASSET: economista, professor emérito na Universidade Paris 1 — Panthéon-Sorbonne.

SACHA GOLDMAN: produtor, secretário-geral do Collegium International.

STÉPHANE HESSEL: diplomata francês, cofundador do Collegium International.

*O texto deste livro foi composto na tipologia
Minion Pro Regular em corpo 12/15,5.
A impressão se deu sobre papel off-white
pelo Sistema Cameron da Divisão Gráfica
da Distribuidora Record.*